KB254067

바로간다

GS리테일

바로간다 GS리테일

초판 1쇄 발행 | 2015년 9월 1일

지 은 이 | 박희진, 이재호
발 행 인 | 김영희
기　　획 | 신현숙, 하순영
마 케 팅 | 권두리
편　　집 | 박지혜, 최은정, 변호이, 김민지
디 자 인 | 한동귀, 문강건, 박성민
발 행 처 | (주)에프케이아이미디어(프리이코노미북스)
등록번호 | 13-860호
주　　소 | 150-881 서울특별시 영등포구 여의대로 24 FKI타워 44층
전　　화 | 출판콘텐츠팀 | 02-3771-0435 영업팀 | 02-3771-0245
홈페이지 | www.fkimedia.co.kr
팩　　스 | 02-3771-0138
E - mail | rommi10@fkimedia.co.kr
I S B N | 978-89-6374-117-8 13320
정　　가 | 1만 1,000원

◈ 낙장 및 파본 도서는 바꿔 드립니다.

◈ 이 책 내용의 전부 또는 일부를 재사용하려면 반드시 FKI미디어의 동의를 받아야 합니다.

◈ 내일을 지키는 책 FKI미디어는 독자 여러분의 원고를 기다립니다. 책을 엮기 원하는 아이디어가 있으면 hsshin@fkimedia.co.kr로 간략한 개요와 취지를 연락처와 같이 보내주십시오.

이 도서의 국립중앙도서관 출판예정도서목록(CIP)은 서지정보유통지원시스템 홈페이지(http://seoji.nl.go.kr)와 국가자료공동목록시스템(http://www.nl.go.kr/kolisnet)에서 이용하실 수 있습니다. (CIP제어번호 : CIP2015021027)

바로취업 시리즈 ⑤

바로 간다

베스트 애널리스트의 분석과
취업멘토 교수의 가이드

GS리테일

박희진·이재호 지음

프리이코노미북스

취업에 왕도는 없지만
바른 길은 있다

사실 취업 준비에 왕도王道가 있을까 싶습니다. 준비한 내용은 같아도 면접관의 성향이나 기호에 따라 그리고 지원자의 당일 컨디션에 따라 당락의 결과가 달라지기도 하는 것이 취업이기 때문입니다. 하지만 면접과정이 다면화·다층화될수록 이런 운運의 요소는 점점 희박해지게 됩니다. 최근 주요 대기업들은 선발의 변별력을 높이기 위해 인·적성 테스트 도입은 물론 자소서를 직무에세이 형식으로, 면접을 합숙 형태의 집합면접으로 전환하였습니다. 여러분도 당연히 이런 채용 프로세스가 탈脫스펙을 위한 것임을 잘 알고 계실 겁니다. 하지만 탈스펙을 위해서 무엇이 가장 필요한지에 대한 인식은 부족한 것 같습니다. 사진, 어학점수, 자격증, 수상 경력, 교환학생 경험 등과 같은 것을 안 본다면 과연 무엇으로 지원자의 역량을 평가할 수 있다고 생각하시는지요?

결국 서면書面과 대면對面 과정에서 지원자의 간절함과 준비 상태로 판단할 수밖에 없습니다. 간절함이란 먼 길을 함께 가도 좋겠다는 확신을 주는 것이고, 준비 상태란 희망 회사에 지원하기 위해 구체적으로 얼마나 많은 고민과 탐구활동을 했는가에 의해서 결정됩니다. 그래서 집합면접장에 들어가면 상황 케이스를 주고 전략이나 아이디어를 도출해보라는 질문이 빈번하게 출제됩니다. 사실 전문가도 이런 질문을 제한된 짧은 시간에 소화하기 어렵습니다. 해법은 면접관이 무엇을 기대하는지를 간파하는 데 있습니다. 입사를 위해 많은 고민을 해봤다면 그래도 '나름의 답을 하지 않을까'라는 면접관의 기대를 충족시키는 것 말입니다.

그래서 취업을 제대로 준비하기 위해서는 기업에 대한 이해가 전제되어야 합니다. 시간에 쫓기다 보면 기업 분석의 필요성은 인정하지만 엄두가 나질 않는다는 생각이 드실 겁니다. '급할수록 돌아가라'는 속담이 있습니다. 급하면 무엇을 해도 몰입할 수 없다는 의미일 것입니다.

본 기업분석 시리즈는 취업 포털의 채용 공고문을 확인하는 순간부터 시작해도 전혀 무방합니다. 서류 심사에서 최종 면접까지 1개월에서 2개월의 기간 동안 본서를 활용하는 것에 시간적 부족함을 느끼지 않을 것입니다. 1장 산업 파트만 읽어도 기업을 분석하는 것에 대한 막연함에서 벗어날 수 있습니다. '멘토의 팁'과 '관련 자료 찾아보기' 코너를 곁들인 이유가 바로 여기에 있습니다. 애널리스트의 친절한 설명과 멘토의 가이드를 따라가다 보면 어느새 회사를 보는 안목이 생기는 것을 깨닫게 될 겁니다. 면접관이 무엇을 중요하게 생각하는지 알게 되므로, 자소서에 어떤 소재를 활용해야 할지 면접에서 어떤 부분을 언급하고 강조해야 할지 자연스럽게 알게 됩니다. 왕도는 없다고 했지만 바른 길은 있습니다. 바로 가는 취업을 원한다면 지금 바로 첫 페이지를 펼쳐보시기 바랍니다.

유통업계의 강자,
GS리테일에 지원하려면…

모든 기업이 그러하겠지만, 유통업체의 경우 특히 기업에 따라 경영 전략과 소비자를 대하는 방향성이 많이 다르다. 직원들 역시 이러한 기업문화에 크게 영향을 받게 되므로, 자신에게 어떤 기업문화가 잘 맞을지 고민해보면 입사 지원할 때 도움이 될 것이다. 특히 유통업체들이 현재 직면하고 있는 문제점이나 개선해야 하는 점은 무엇인지, 그리고 해당 이슈를 어떻게 해결할 수 있을지 고민해본다면 취업 준비에 많은 도움이 될 것이다.

유통업체 입사를 준비하는 분들에게 드리고 싶은 또 하나의 조언은 '**일상 속에서 자신의 생활 패턴을 먼저 분석해보라**'는 것이다. 유통업체는 실제 소비생활에서 가장 먼저 직면하게 되는 기업들이다. 구직자가 아닌 소비자의 입장에서 '이 회사의 장점이 무엇인가', '경쟁 업체 대비 강점은 무엇인가'라고 생각해보고, '내가 이 회사에서 어떠한 부분을 더욱 발전시키는 데 도움이 되고 싶다'라는 점을 고민해본다면 취업 준비가 훨씬 수

월할 것이다.

그러기 위해 우선적으로 **지원하고자 하는 회사의 매장을 한번쯤 방문해보기 바란다.** 입사 지원 시 스펙 등 필수 항목이라고 불리는 사항들도 중요하지만, 실제 회사생활에서 직면하게 되는 여러 상황들은 학교에서 배워온 것들과는 완전히 다르다. 그러므로 현장에 직접 나가서 어떤 상품들이 어떻게 진열되어 있는지, 소비자들의 동선이나 소비습관 등은 어떠한지 주의 깊게 살펴보기 바란다. '백문이 불여일견, 백견이 불여일행(百聞不如一見, 百見不如一行)'이라는 말도 있듯이 듣는 것보다는 보는 것이, 보는 것보다는 실제 경험을 쌓는 것이 큰 도움이 될 것이다.

페이스북 최고운영책임자COO인 셰릴 샌드버그Sheryl Sandberg가 과거 어느 강연에서 "인생은 정글짐과 같다"라고 말한 적이 있다. 정글짐은 얼기설기 얽혀 있는 선들이지만 그것이 모여 하나의 커다란 놀이기구가 된다. 사회생활도 마찬가지다. 계획했던 대로 안 되는 일들의 연속인 것 같지만, 몇 년이 지나 뒤돌아보면 그제야 하나로 연결되어 보이는 것들이 있다.

현재 준비 중인, 그리고 경험 중인 모든 것들이 훗날 여러분들의 자산으로 축적되고 이러한 부분들이 언젠가 도움이 될 것이라 믿어 의심치 않는다. 지금 안 된다고 좌절하고 힘들어하기보다 미래를 위한 준비라는 마음으로 항상 건승하시기 바란다.

목차

CHAPTER 02 시장: 성장의 한계를 넘어 진화하는 밸류 넘버원

멘토의 팁　» GS리테일과 GS그룹 계열사 이해하기
　　　　　　» 기업문화를 자신의 성장배경, 장점과 연결하기

관련 자료　» 검색 키워드, 'GS 기업문화'

한눈에 본다, GS리테일

국내 유일 토종 편의점, GS25

GS25는 국내 유일의 독자 브랜드 편의점으로 1990년 12월 경희점(1호점)을 개점한 이후로 2015년 1분기 기준 8,487개 점포를 운영하고 있다. GS25는 1인 가구 증가, 고령화 사회로 변화하는 흐름에 발맞춰 다양한 간편식, PB(Private Brand)상품을 갖추고 있으며, 택배 및 배달 서비스 등 생활 서비스로의 확장도 꾀하고 있다. 최근 3년 동안 GS25의 운영 점포 수 기준 시장점유율은 다음과 같다.

시장점유율

구분	2012년	2013년	2014년
편의점 전체	24,559개	24,859개	26,100개
GS25	7,138개	7,774개	8,290개
점유율	29.1%	31.3%	31.8%

GS25의 히트 PB상품

배우 김혜자의 '국민 어머니' 이미지를 활용한 김혜자도시락 시리즈는 GS25의 대표 히트 상품이다. 3,500원에 고기, 나물 등 푸짐한 구성을 선보여 SNS에서 '마더 혜레사'(마더 테레사처럼 자비로운 김혜자), '갓혜자'(신과 같은 김혜자) '혜자푸드'라는 신조어가 생기기도 했다.

연예인 홍석천과 함께 만든 라면으로, 출시된 지 5일, 7일 만에 각각 10만 개가 판매됐다. 컵라면 전 제품을 통틀어 최단 시간 최다 매출을 기록했고, 현재도 용기면 매출 1위를 유지하고 있다(2015년 7월 기준). '매운치즈볶음면'과 '매운해물볶음면'이 있다.

아이스크림 전문기업 '라벨리'와 손잡고 2013년 출시한 빙수. 얼음 알갱이를 미세한 입자로 잘게 부숴 부드럽고 달콤한 맛으로 소비자들의 입맛을 사로잡았다. 업계 최초로 PB 아이스크림을 생산했으며 출시년도에 아이스크림 부문 매출 1위를 기록했다. '라벨리 딸기빙수', '20%망고빙수' 등 후속 판매 제품도 상승세다.

GS수퍼마켓은 1974년 을지로에 1호점을 개점하고, 2005년 코오롱마트를 인수해 지속적인 우량 점포로 성장하고 있다. 2015년 1분기 기준 총 265개 점포가 운영 중이다. GS수퍼마켓은 신선식품의 신선도 강화, PB상품 및 GS Only 상품을 확대해 수익을 증대하고 있다. 온라인시장 선점을 위해 2011년에는 GSiSuper를 개설했다.

GS수퍼마켓의 3가지 테마 상품

❶ 친환경 상품

무농약, 무항생제, 유기농산물, 유기가공식품으로 농약, 항생제를 쓰지 않은 제품들로 구성되어 있다.

❷ 산지직송 상품

전국 357곳의 농어촌과 GSiSuper가 제휴하여 생산·유통하는 산지직송 상품으로 고객이 주문하면 강원도, 경상도, 충청도, 전라도 등지에서 주문과 동시에 수확해 직송한다. 채소, 과일, 양곡, 축산, 수산·건어물 등을 판매한다.

❸ PB상품 브랜드

함박웃음	함박웃음은 GS리테일에서 기획한 질 좋은 상품을 일컫는 고유 브랜드이다.	1974	GS수퍼마켓이 개장한 해인 1974년의 그 마음 그대로 고객에게 다가가겠다는 의지를 담아냈다.
fresh	fresh는 신선하고 안전한 야채·과일을 제공하는 프리미엄 브랜드이다.	SnF	세련됨과 실용적인 생활을 제안하는 생활잡화 브랜드이다.

유통업계의 꽃, 영업직군에 대한 이해

GS리테일 입사자는 공통으로 1년간 영업 업무를 담당하게 된다. 이후 영업, MD, 개발, 지원 등의 부서로 발령받아 업무를 맡게 된다.

 GS25

편의점 영업	GS25 직영점을 운영하면서 점포의 수익과 비용 구조를 이해하고, 비용 절감을 위한 활동을 체계적으로 수행한다. 영업기획력과 매출에 대한 이해, 관리 능력이 요구된다.
MD (Merchandise)	고품질 상품을 합리적인 가격에 공급하기 위해 상품 구매·업체 선정·상품 개발 업무를 수행한다. 정보 수집 및 활용 능력, 판매기획력, 협상력 등이 필요하다.
OFC (Operation Field Counselor)	GS25의 콘셉트와 본부 방침을 가맹점, 직영점이 철저히 이해하고 실행할 수 있도록 지원한다. 빠른 상황 판단과 대처 능력이 요구된다.
RFC (Recruiting Field Counselor)	다양한 채널을 통해서 접수된 물건(점포)에 한해 조사·판단하여 우량한 입지라고 판단된 점포의 임차인 및 소유자를 설득, 편의점으로 개점하도록 유도한다. 상권분석력이 필요하다.

 GS수퍼마켓

영업 담당	GS수퍼마켓의 매출 이익을 위해 경쟁점 벤치마킹, 이에 따른 업무 스킬을 바탕으로 영업 전략을 수행한다. 시장분석력, 상품운영력 등이 필요하다.
MD (Merchandise)	GS25와 마찬가지로 고품질 상품을 적정한 가격에 공급하기 위해 상품 구매·업체 선정·상품 개발 업무를 수행한다.
부점장	점장 업무를 대행하고 위생 점검 및 담당 매장을 관리한다. 매장운영력, 고객 응대, 영업환경 개선능력이 요구된다.
점장	고객 니즈에 대응하고 상품 동향 파악, 계수 관리, 손익 관리, 인원 관리 등 매장 운영 전반에 관련한 업무를 수행한다. 매장운영력, 시장조사력, 판매기획력 등이 필요하다.

자회사

GS리테일
GS25
GS수퍼마켓
왓슨스
후레쉬서브
GS넷비전

GS글로벌
PLS
GS바이오
GS엔텍

GSSHOP
GS텔레서비스

GS에너지
GS칼텍스
GS앰비즈
GS바이오
GS에코메탈
이노폴리텍
상지해운

GS파워
보령LNG터미널㈜
해양도시가스
서라벌도시가스
GS이엠
PCT
GS폴라텍
삼일폴리머
GS파크24

GSEPS

GSE&R
GS동해전력
GS영양풍력발전
E&R솔라

GS스포츠
FC서울
GS칼텍스 서울
KIXX배구단

계열사

GS건설
파르나스호텔
이지빌
자이서비스
GLS서비스
GCS플러스
BSM
GSONM

럭키수퍼에서 GS리테일까지

1971.07	LG·GS그룹의 모태인 럭키금성그룹 계열사 금성전공㈜ 설립
1974.05	럭키수퍼 1호점 을지로 삼풍점 개점
1990.12	LG25 1호점 경희점 개점
1991.01	㈜LG유통으로 상호 변경
1992.10	LG마키(백화점) 1호점 안산점 개점
1996.11	LG마트 1호점 고양점 개점
2002.09	LG25 1,000호점 개점
2002.07	자회사 LG그룹이 ㈜LG유통, ㈜LG수퍼센터, ㈜LG백화점을 흡수·합병
2004.07	LG유통, LG그룹에서 분할되어 ㈜GS홀딩스로 편입
2005.03	GS그룹 출범으로 GS리테일로 사명 변경. LG백화점, LG마트, LG수퍼, LG25가 각각 GS스퀘어, GS마트, GS수퍼마켓, GS25로 사업 명칭 변경, GS왓슨스 1호점 개점
2008.11	GS리테일, 지하철 9호선 상가 운영자로 선정
2010.02	GS스퀘어(3개 점포), GS마트(14개 점포), 롯데쇼핑에 매각
2011.12	GS리테일, 유가증권 상장

GS 리테일

산업:
국내 유통산업의
현대화에 앞장서다

유통산업은 생필품·식료품 등 우리에게 반드시 필요한 제품을 다루기 때문에 친숙할 뿐 아니라, 우리가 생활하는 데 있어서 빼놓을 수 없는 중요한 산업입니다. 그중 편의점, 슈퍼마켓을 운영하는 국내 유통산업의 대표 기업이 바로 GS리테일입니다. GS리테일은 1971년 창업한 이래 국내 유통산업의 현대화를 위해 GS리테일만의 시스템을 구축해왔습니다. 오늘날 GS리테일이 있기까지 국내 유통산업의 성장 과정과 산업적 특징, 그리고 GS리테일의 성장 전략까지 두루 살펴보도록 합시다.

일상생활과
가장 밀접한 산업

유통산업을 이해하는 3가지 키워드

유통산업은 일상생활 속에서 가장 쉽게 접할 수 있는 산업 중 하나이다. '유통'이라는 용어는 '제품' 또는 '상품의 흐름'을 의미하며 기본적으로 우리 일상생활에서 일어나는 대부분의 상황이 유통산업에 포함된다. 우리가 생활하는 일상의 패턴과 이 책의 내용을 접목시켜 읽으면 이해가 쉬울 것이다.

유통산업에 대한 기본 이해를 높이기 위해서는 크게 채널에 대한 이해와 상품에 대한 이해, 물류에 대한 이해가 필요하다.

'채널channel'은 '제품의 구매처'를 의미한다. 크게는 오프라인과 온라인으로 구분되며 최근 채널 간 영역 구분은 모호해지고 있는 추세이다. '상품'은 '우리가 쓰고자 하는 제품'을 의미하고 '물류'는 '상품 및 제품이 채널로 이동하는 과정'을 의미한다.

오프라인 유통채널로는 일상적으로 우리가 음료수를 구매하기 위해 들리는 편의점과 생필품을 구매하는 대형마트, 그리고 의류 및 화장품 등을 구매하기 위해 방문하는 백화점이 포함된다. 지역 경제 활성화 등과 함께 회자되고 있는 전통시장 역시 대표적인 오프라인 유통채널이다.

온라인 채널은 인터넷 쇼핑몰이 대표적이다. 온라인 채널의 경우 단순한 인터넷 쇼핑몰이었으나 2000년대에 급속하게 보급된 스마트폰과 함께 모바일로 영역이 확장되었다. 최근 유통시장에서 이슈화되고 있는 소셜커머스 등이 모바일 유통의 대표적인 사례이다. 온라인 채널은 포괄적 개념으로는 '무점포 채널'을 의미하며 오프라인, 즉 '점포 채널'의 반대 개념으로도 사용된다. 텔레비전에서 쉽게 접하는 홈쇼핑이 이에 해당된다. 홈쇼핑의 경우 최근 텔레비전뿐만 아니라 모바일, 인터넷 등 신규 채널로 영역을 확장하고 있다.

최근 들어 오프라인과 온라인의 경계가 모호해지고 있다. 대표적 오프라인 채널이었던 백화점과 대형마트 업체들이 온라인 쇼핑몰로 채널을 다각화하고 있고, 무점포 채널이었던 홈쇼핑 업체들이 자체 브랜드를 유통하기 위해 오프라인, 즉 점포 채널로 영역을 확장하고 있기 때문이다. 각각 이마트의 온라인 쇼핑몰과 CJ오쇼핑의 아울렛 매장이 대표적이다. 이마트 온라인 쇼핑몰은 생필품을 구매하는 소비자라면 한번쯤은 경험해보았을 만큼 대중화되어 있다. 홈쇼핑의 아울렛 매장은 다소 의아스러울 수도 있다. 하지만 뒤에서 언급할 PB(Private

오프라인에서 온라인으로 진화한 O2O 대표 사례

자료: 신세계그룹

Brand)에 대한 재고 처분과 마케팅 성격의 매장이라는 점을 감안하면 이해가 쉬울 것이다.

채널과 더불어 상품에 대한 이해도 중요하다. 이는 NB(National Brand), PB 그리고 PNB(Private National Brand)에 대한 이해를 기반으로 한다.

NB는 제조업체의 브랜드 제품으로 소비자들이 주변에서 흔히 구매할 수 있는 오리온, 해태, LG생활건강 등 브랜드 제품이다. NB의 경우 유통채널을 확보하는 대가로 유통업체에 매출 수수료를 지불하고 있다.

PB는 유통업체의 고유 브랜드 제품으로 국내에서도 활발히 영업 중인 코스트코COSTCO의 커클랜드KIRKLAND와 최근 영역을 확장하고 있는 이마트의 피코크PEACOCK가 대표적인 사례이다. 대부분의 제품은 중소·중견 기업의 설비를 통해 생산되며 생산업체와 상관없이 유통업체의

PB상품의 대표 사례 – 코스트코의 커클랜드와 이마트의 피코크 제품

자료: 코스트코, 이마트

고유 브랜드를 사용하고 있다. 제품 개발부터 재고 부담까지 모두 유통업체가 주도적으로 진행·부담한다.

PB제품을 확대하는 데는 여러 이유가 있겠지만, 대표적으로는 저성장에 따른 '집객集客효과' 유발과 마진 개선이 있다. PB제품은 특정 유통업체에서만 구매할 수 있다. 해당 제품에 대한 선호도가 높다면 그 제품을 출시한 유통업체의 매출은 상승한다. 집객효과에 따른 매출 증대가 가능한 포인트이다. 대부분의 NB제품에 대해 브랜드 업체가 중간 마진을 취하고 있다는 점을 감안하면 PB제품은 중간 마진에 대한 절감효과도 가져올 수 있다. 물론 생산업체에 대한 중간 마진은 피할 수 없으나 중간 유통마진율 개선이 가능하기 때문에 PB제품 도입에 따른 플러스 효과가 가능하다.

PNB는 크게 PB상품 안에 분류된다. 자체 상품, 독점 상품으로도 분

류되며 특정 유통업체를 위해 브랜드 업체가 생산한 제품을 의미한다.

마지막으로 물류에 대한 이해도 유통산업을 이해하는 데 도움이 될 것이다. 물류는 제품의 보관, 배송, 생산지로부터 판매처로 이동하는 과정 전부가 해당한다. 특히 최근 들어 온라인 쇼핑몰의 확대와 당일 배송 등에 대한 소비자 민감도가 높아지며 물류에 대한 유통업체의 관심은 높아지고 있다.

대표적인 예로는 이마트의 온라인 전용 물류센터가 있다. 2014년부터 도입된 이마트 온라인 전용 물류센터는 2,000억 원 규모의 온라인 주문량을 처리할 수 있는 물류센터로, 보관 제품에 대해서는 당일배송이 가능하다. 그뿐만 아니라 대형마트 업체들이 최근 도입하고 있는 '후레쉬센터Fresh Center'도 대표적인 물류의 발전 사례이다. 후레쉬센터는 최근 대형마트 업체들이 많이 도입하고 있는데 채소, 생선 등 신선식품에 대한 품질 향상이 주 목적이다. 품질에 대한 소비자들의 관심이 높아지면서 업체 간 차별화를 위한 노력의 일환으로 생겨났다.

유통을 이해하기 위해서는 회계 처리와 재고 관련 사항 등 기타 부수적인 사항에 대한 이해가 필요하다. 하지만 채널과 상품, 물류에 대한 이해가 있다면 유통산업에 대한 기본적인 파악은 가능할 것이다. 이 책에서는 유통산업에 대한 기본적인 이해를 기반으로 오프라인 채널, 그중에서도 편의점 업태에 초점을 맞추고자 한다.

 **유통산업을 이해하는 3가지 핵심 주제를 알아봅시다.**
유통산업을 이해하는 3가지 큰 주제는 1)채널 2)상품(브랜드) 3)
물류로 요약됩니다. 각각의 현황과 추진 전략 등을 중심으로 세밀하게 살
펴보시기 바랍니다.

> **관련 자료 찾아보기 ❶**
> **검색 키워드, '유통 연구소', '물류 잡지'** 

유통산업은 생필품 특성상 소비자의 일상과 매우 맞닿아 있습니다. 그
래서인지 관련 분석자료도 다양합니다. 아이템도 많고 참여자 및 이해관
계자가 많은 만큼 채널, 상품, 물류를 바라보는 자신만의 시각을 잘 갖추
어야 합니다. 유통 관련 연구소나 관련 잡지 등에서 관심 분야 동향이나 이
슈를 잘 체크해보시기 바랍니다. '유통 연구소', '물류 잡지' 등과 같은 키워
드로 유용한 콘텐츠가 많은 홈페이지를 자주 방문해보시기 바랍니다.

일제강점기 이후 시작된 유통의 역사

국내 유통산업의 역사는 조선시대의 시전과 난전, 그리고 보부상 혹
은 그 이상으로까지 거슬러 올라갈 수 있다. 하지만 이 책에서는 일제
강점기 이후 현대화된 유통산업에 대해서만 언급하겠다. 주로 다뤄질

편의점과 오프라인 채널의 현대화가 1960년대 이후 산업화와 더불어 발전했기 때문이다.

1993년에 이마트 창동점이 개업하기 전까지 국내 오프라인 유통채널은 백화점이 주도했다. 백화점은 일제강점기 당시 일본 백화점 업체들로부터 시작된 종합 양판점으로 의류 브랜드의 기성복과 더불어 확대되었다. 이후 대형마트와 편의점 등 현대화된 유통채널이 1990년대 들어 국내시장에 도입되었고, 2000년대 들어 기존 대형마트의 출점 포화와 더불어 SSM(Super Super Market, 기업형 슈퍼마켓)이 도입되었다.

오프라인 채널 가운데 가장 역사가 오래된 백화점은 1930년 일본 미쓰코시 백화점의 경성점이다. 이후 인수합병과 상호 변경 등을 거쳐 지금의 신세계 백화점으로 운영되고 있다. 신세계 백화점을 비롯해 현재 국내에서 영업 중인 백화점은 약 100개다. 그중 롯데, 신세계, 현대 이렇게 주요 3사가 전체 점포의 약 70%를 운영 중이다. 이외에도 수도권에 위치한 아이파크 백화점, 그랜드 백화점, 태평 백화점과 지방 도시에서 영업 중인 세이 백화점, 대구 백화점, 디큐브 백화점(거제점) 등이 있다.

현재 국내 대형마트는 이마트를 포함해 홈플러스, 롯데마트, 농심 계열 등이 운영 중이다. 상위 3사인 이마트, 홈플러스, 롯데마트는 업체별로 100개 이상의 매장을 운영한다. 과거 이랜드 계열의 홈에버는 2006년 프랑스 대형마트인 까르푸가 국내에서 철수하면서 인수된 점포로, 현재는 홈플러스가 운영한다.

편의점은 1920년대 미국 내 소규모 점포에서 처음 시작되었다. 기존 소매 점포에서 아침 7시부터 저녁 11시까지 운영한다는 뜻의 '세븐일레븐7-Eleven'이 그 시초이다. 1960년대 미국에서 소비자들의 편의를 위해 24시간 영업을 첫 시험운영하였고, 이후 연중무휴 24시간 점포가 운영되었다. 세븐일레븐은 이후 일본 업체에 인수되었고, 현재 세븐일레븐 본사는 일본 세븐&아이홀딩스Seven&I Holdings이다.

국내 세븐일레븐의 역사는 1989년 미국 본사와 제휴로 서울특별시 송파구 올림픽선수촌 아파트 내 상가에 1호점을 열며 시작되었다. 이후 세븐일레븐은 1993년 롯데쇼핑에 인수되었고, 2010년 바이더웨이Buy the Way를 인수했다.

국내에서 영업 중인 편의점은 2015년 현재 3만 개 이상이다. 보광그룹의 CU(구 '패밀리마트'), GS그룹 내 유통회사인 GS리테일의 GS25, 롯데 계열의 세븐일레븐이 전체 시장의 80%를 독과점하고 있다(2014년 매장 수 기준). 후발 주자로는 미니스톱mini stop, 씨스페이스C-space, OK마트, 조이마트, 그리고 2013년 기존 소규모 편의점 업체 인수를 통해 영업을 시작한 신세계그룹의 위드미with-me가 있다. 씨스페이스는 1989년, CU와 미니스톱, 그리고 GS25가 1990년, 바이더웨이와 OK마트가 1991년에 각각 1호 매장을 열었다.

상위 3개사를 기준으로 매장 수는 각각 8,000여 개에 달하며 2010년과 2011년 매장 증가율은 20%를 상회했다. 2014년 매장 증가율은 5~6% 수준으로 하락했으나 매장이 증가한 수는 500~600여 개에 달해 높은 성장을 보여주었다. 2015년에도 주요 업체별 매장 수 증가는 500개 이상이 예상되는 가운데 후발 주자인 위드미는 매장 수 증가 목표를 약 1,000개로 잡고 있다.

편의점 산업에 대해 유통산업 구조와 대중의 일상이라는 관점에서 이해해봅시다.

국내 편의점 산업의 역사는 30년이 채 안 되지만 전국에 3만 개 매장이 영업하고 있을 정도로 크게 확장되었습니다. 편의점 산업을 유통산업의 구조 변화 속에서 이해하는 것과 더불어 일반 대중의 삶과 일상이라는 관점에서도 생각해보시기 바랍니다.

관련 자료 찾아보기 ❷
대한상공회의소, 『2015 유통산업백서』, 『편의점 사회학』

'유통산업'을 키워드로 검색해서 각 연구소에서 발간된 보고서들을 잘 챙겨보시기 바랍니다. 산업 전망, 구조 변화, 경쟁력 강화 등의 주제를 갖고 전체의 윤곽을 먼저 이해할 필요가 있습니다. 대한상공회의소에서 발간한 『2015 유통산업백서』의 경우 국내외 유통채널별 산업 현황과 전망을 자세하게 분석하고 있습니다.

참고로 『편의점 사회학』이라는 책은 편의점을 사회학적 관점에서 다채롭게 분석했는데, 편의점을 바라보는 흥미로운 시각을 엿볼 수 있습니다.

소매시장의 확대와 편의점의 성장

2014년 누계 국내 소매판매액은 359조 원 규모로 2013년 대비 1.7% 증가했다. 2015년 4월 기준으로는 약 30조 원으로 전년동월대비 2.9% 증가했다. 2011년과 2012년의 전년대비 소매판매액 평균 증가율은 9.5%와 4.2%였다. 연료 소비 등을 제외한 전문 소매점과 무점포 소매점으로 구분해서 판매액을 분류할 경우 2014년 전문 소매점의 판매액은 101.8조 원, 무점포 소매판매액은 41.1조 원에 달한다.

업태별로는 2014년 백화점 소매판매액이 29.2조 원, 대형마트 소매판매액이 46.6조 원, 슈퍼마켓 소매판매액이 36.1조 원, 편의점 소매판매액이 12.6조 원을 기록했다. 전년동월대비 백화점 소매판매액이 1.9% 감소한 반면, 대형마트 소매판매액은 3.3%, 슈퍼마켓과 편의점 소매판매액은 각각 0.8%, 7.4% 증가했다. 백화점의 경우 2014년 4월 발생한 세

국내 소매판매액 – 2014년 기준 국내 소매판매액은 359조 원 규모로 꾸준한 증가세, 성장성은 다소 둔화

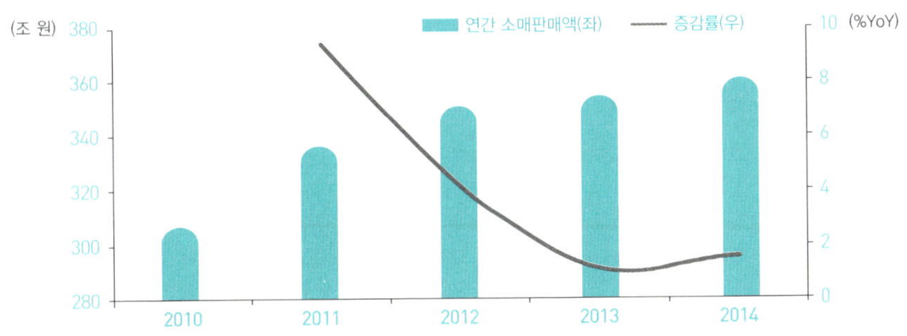

자료: 통계청

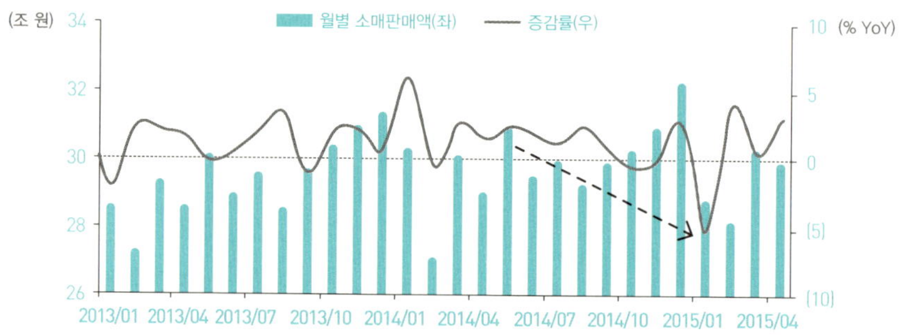

월호 참사 이후 소비심리 위축이 심화되면서 판매액 부진을 경험했다.

2015년 4월 기준 업태별 소매판매액은 백화점이 2.4조 원으로 전년 동월대비 0.5% 증가, 대형마트와 편의점이 각각 4.0조 원과 1.3조 원으로 전년동월대비 각각 10.2%, 32.2% 증가했다. 슈퍼마켓 소매판매액은 2.8조 원으로 전년동월대비 1.6% 감소했다.

유통시장은 업태 및 형태에 따른 분류 이외에도 상품별 판매액으로 분류가 가능하다. 승용차, 가전제품 등과 같이 사용 연수가 긴 상품의 경우 내구재(耐久財: 내구성이 좋아 오래 쓸 수 있는 재화)로 분류된다. 내구재의 4월 판매액은 7.7조 원으로 전년동월대비 10.6% 증가했다. 의류, 신발, 잡화 등과 같이 일정 기간의 사용 연수를 가진 준내구재의 4월 판매액은 전년동월대비 4.3% 증가했고, 음식료·의약품 등 편의점에서 가장 많이 팔리는 비내구재의 매출은 전년동월대비 1.3% 감소했다. 비내구재 판매액에 자동차 연료가 반영되는데, 계속된 유가 하락

업태별 소매판매액 – 편의점 업태의 성장은 상대적으로 높은 수준을 유지

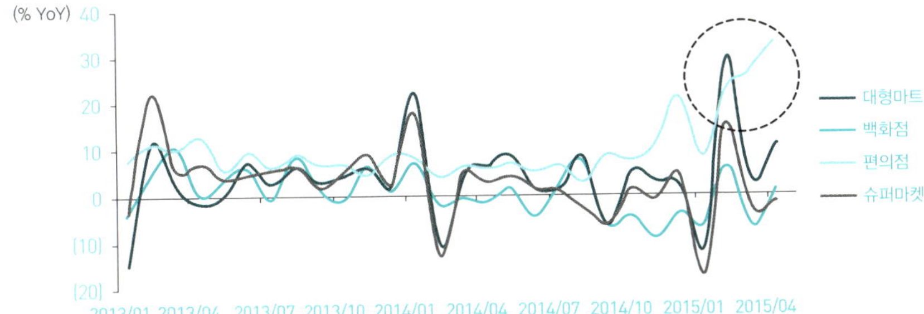

자료: 산업통상자원부

전국 기타 비내구재 판매액 – 담배 가격 인상으로 기타 비내구재 판매액이 증가

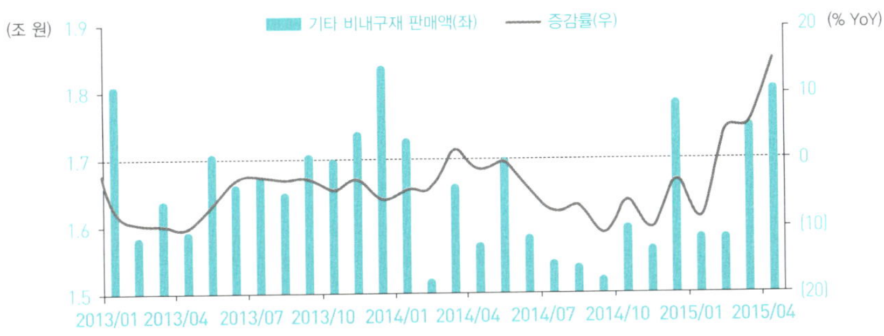

자료: 통계청

으로 자동차 연료 가격이 하락했기 때문이다. 편의점 매출의 30% 이
상을 차지하는 담배 매출이 반영된 기타 비내구재 판매액은 전년동월
대비 14.9% 증가했다.

 **온·오프라인 각 유통사업별 판매 비중을 파악해봅시다.**

국내 소매판매 규모는 2014년 기준으로 359조 원입니다. 하루에 약 1조 원이 판매된다고 생각하면 됩니다. 산업 통계를 다룰 때는 하나의 숫자만 암기하기보다는 다양한 잣대로 다시 적용해보는 것이 숫자 감각을 기르는데 큰 도움이 됩니다.

온·오프라인 각 유통사업자들 간 판매 비중이 어느 정도 되는지 항상 감을 잡고 계시기 바랍니다. 특히 GS리테일이 시장에서 어느 정도 비중을 차지하는지 잘 체크해보시기 바랍니다.

**관련 자료 찾아보기 ❸
체인형 업체 비교 정리** 

편의짐과 긑은 체인형 치킨점, 미용실, 통신기기 소매점, 제과점 등이 전국적으로 얼마나 되는지 정리해보시기 바랍니다. 이런 수치들을 비교·정리하다 보면 유통업에 대한 소양도 자연스럽게 배양될 수 있습니다. 참고로 2015년 기준 치킨점은 이미 편의점 수보다도 많다고 합니다.

국내 유통산업의
트렌드

경기에 민감한 유통산업

경기에 대한 민감도는 내방 고객 수, 판매단가에 대한 소비자들의 구매의지로 판단된다. 유통산업은 특성상 국내경기에 대한 민감도가 높은 편이다. 주로 내수시장에서 영업을 하고 있기 때문이다. 그러나 국내 경제의 높은 수출의존도를 감안할 때 내수경기뿐 아니라 대외 변수에 대한 민감도 역시 무시할 수 없다. 2008년 세계 금융위기, 2014년 세월호 참사, 2015년 메르스(Middle East Respiratory Syndrome, 중동호흡기 증후군)와 같은 이슈가 있을 때마다 주요 유통업체들의 기존점 성장률은 역성장하는 모습을 보여줬다.

유통산업은 국내 정치 상황에도 영향을 받는다. 대표적인 예로는 2012년 공표된 유통상생법이 있다. 유통상생법 공표 이후 국내 대형

분기별 매출증감률 추이 – 회복 조짐을 나타내던 유통업체 실적은 2014년 세월호 참사 이후 반락하는 모습

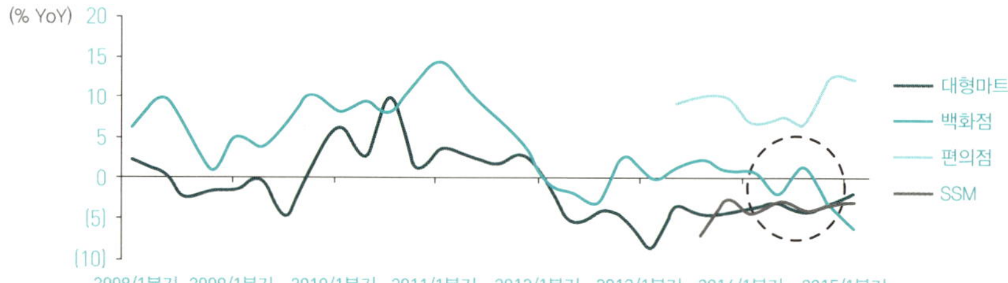

자료: 산업통상자원부

전년동월대비 성장률 – 2015년 초 기저효과 및 소비 개선 조짐 등으로 반등했으나 메르스 사태로 불확실성 대두

자료: 산업통상자원부

마트들은 주말 1일과 주중 1일 등 강제적인 휴무를 진행해야 했다. 편의점 역시 편의점 점주에 대한 소득 수준 확보라는 명목 하에 진행된 출점 거리 제한 규제 등으로 일시적이나마 출점에 대한 성장 모멘텀이 둔화되었다.

하지만 유통업종 가운데에서도 생필품과 관련된 업태의 경우 경기

유통산업 관련 정부 규제 민감도 분석

구분	발의 시점	내용	시행 시기	비고	영향
SSM 규제	2009.06 (개정 추진)	- 전통시장 반경 1km 이내를 전통상업 보존구역으로 지정해 SSM 입점을 제한	2011.09	공통	↓
영업 시간 제한	2005.06 (방안 추진)	- 대형마트와 SSM에 대해 자정 0시부터 오전 8시까지 영업을 제한 - 매월 1~2회 의무 휴업을 도입하도록 하는 유통법개정안 가결 - 규정을 어길 경우 3,000만 원 미만의 과태료 부과	2012.01	할인점	↓
종편 사업화	2007.02 (건의서)	- 케이블TV 사업자는 가입자수를 500만 명까지 늘릴 수 있게 됨 - 현재 1위 사업자의 경우 170만 명을 추가로 유치할 수 있게 변경	2012.01	홈쇼핑	↓
"SO의 방송구역 제한 PP 소유한도 폐지"	2008.07 (개정 ~)	- 지상파, 종합유선방송사업자(SO), 위성방송사업자, 방송채널사용사업자(PP)의 이종·동종 간 소유와 겸영에 대한 규제 폐지 및 완화	2012.01	홈쇼핑	↑
대규모유통업법	2011.01 (발효)	- 매출 부진이 예상되는 타 점포에 입점을 강요하는 행위나 퇴점을 방해하는 행위 금지 - 대형 유통업체가 납품업자나 입점업자에게 상품원가 관련 정보 요구 금지 - 연간 소매업종 매출액이 1,000억 원 이상이거나 소매업에 사용되는 매장면적의 합계가 3,000㎡ 이상인 백화점, 대형마트, SSM, TV홈쇼핑업자 등에 적용	2012.01	공통	↓
개별소비세(명품)	2012.08 (발표)	- 200만 원 이상 명품 가방에 초과분의 20% 세금 및 개별소비세액의 30% 수준의 교육세 적용 - 소매가격 기준으로 350~400만 원 정도의 가방이 과세 대상	2013 (예정)	백화점	→
거래 공정화 (대규모 유통업법과 유사)	2008	- 백화점, 대형마트, TV홈쇼핑 등의 중소업체 입점 강요 및 퇴점 요구 금지 - 납품업자가 부담하는 판촉행사 비용 50% 초과 금지 - 적용 대상은 연간 매출액이 1,000억 원 이상이거나 매장면적의 합계가 3,000㎡ 이상인 대규모 유통업자		공통	↓
"가맹사업 모범거래 기준(제과제빵)"	2012.04 (발표)	- 제과제빵 분야의 기존 가맹점이 있는 곳에서 500m 이내 신규 출점 금지 - 5년 이내 매장 리뉴얼 요구 금지 및 리뉴얼 시 비용의 20~40% 본부 부담	공정위 권고 사항		↓
"가맹사업 모범거래 기준(치킨, 피자)"	2012.07 (발표)	- 치킨은 800m, 피자는 1,500m 이내 신규 출점 금지 - 7년 이내 매장 리뉴얼 요구 금지 및 리뉴얼 시 비용의 20~40% 본부 부담 - 연도별 총 광고비 사전 동의, 판촉행사 시 가맹점 사전 동의(가맹점 70% 이상 동의 시 판촉행사 가능)	공정위 권고 사항		↓
판매 품목 제한	2012.09 (개정 추진)	- 서울시는 골목상권에서 많이 팔리는 소주와 막걸리, 담배, 종량제 봉투, 라면 등 50개 안팎의 품목을 대형 유통업체가 취급하지 못하도록 하는 방안 추진	지경부 건의 중 (서울시)	대형마트	↓
SSM 입점 계획 제출 의무화		- 중소기업청에서 시, 도로 이양하도록 법 개정을 건의 - 규정 위반 시 1년 이하의 징역 또는 5,000만 원 이하의 벌금 부과 방안 포함	지경부 건의 중 (서울시)	대형마트/ SSM	↓

자료: 언론, 정부

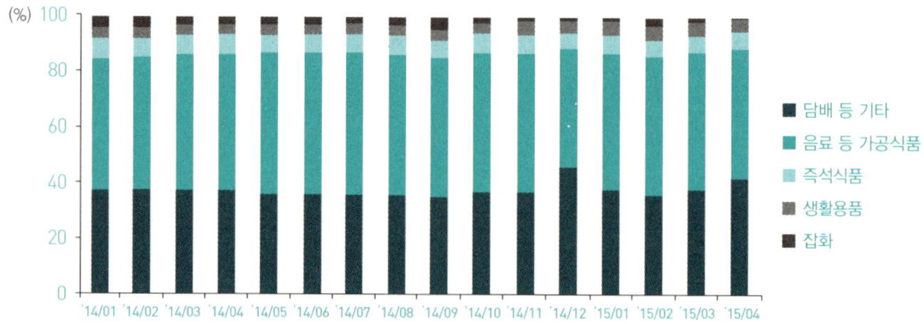

민감도는 상대적으로 낮다. 생존과 관련된 상품에 대한 구매는 지속적으로 이뤄지기 때문이다. 이러한 맥락에서 편의점에 대한 경기 민감도는 상대적으로 낮은 편이다. 편의점의 경우 주요 판매 품목 가운데 음료 등 가공식품과 같이 일상 구매 빈도가 높은 품목의 매출 비중이 평균 45%를 상회해 경기 영향을 적게 받기 때문이다. 특히 기호식품으로까지 분류되는 담배의 매출 비중은 업체별로 조금씩 상이하지만 평균 35% 수준을 상회하고 있다. 전체 매출의 약 80%가 기호식품 또는 일상 소비 품목인 셈이다. 대형마트의 경우에도 의류, 생활 가정용품 및 잡화 등 경기에 영향을 받는 품목의 매출 비중은 45% 수준에 달한다. 백화점도 해당 제품 매출 비중이 80%를 상회하고 있어 유통업계 가운데 편의점이 경기 민감도가 가장 낮다.

경기 민감도 특징 파악하기

편의점의 경기 민감도 특징을 파악해봅시다.

유통업계 중에서 편의점이 상대적으로 경기 민감도가 낮은 편입니다. 주로 생필품을 취급하기 때문입니다. 하지만 유통산업은 전체적으로 대외 변수나 정부의 규제 변수에 영향을 많이 받습니다. Fig 09의 표 '유통산업 관련 정부 규제 민감도 분석' 내용을 되도록 암기하면 좋겠습니다. 앞으로 유통산업에 관한 어떤 이슈가 나오더라도 규제 내용에 대한 이해가 뚜렷하다면 머릿속에 내용이 쉽게 정리될 수 있을 것입니다.

화두가 된 담배와 도시락

2015년 편의점 업계의 최대 화두는 담배 가격 인상과 출점 경쟁, 그리고 도시락 제품군에 대한 경쟁력 강화이다. 2014년 정부가 발의한 담배 가격 인상은 2015년 1월 1일부터 발효되었다. 담배 제조사별로 도입 일정에 약간의 시차는 있었다. 그러나 2015년 7월 현재 모든 담배 가격은 약 80% 인상(중심 가격군이었던 2,500원 제품의 경우 4,500원)되었다.

정부가 담배 가격을 인상하면서 기대했던 금연효과는 현재까지 크지 않아 보인다. 1분기 평균 20% 이상 감소했던 담배 판매량은 2분기 들어 급속하게 회복되고 있는 상황으로 3분기에는 전년동기와 유사할 것으로 예상된다. 제조업체들이 담배 유통마진을 기존 10%에서 9% 초중반 수준으로 인하했지만, 오히려 가격 인상에 따른 수혜가 예상된다. 기존

담배 가격 인상에 따른 제세부담금 변화(2,500원 제품 기준)

단위: 원

	현행	인상	변경 후
출고가 및 유통마진	950	232	1,182
담배소비세	641	366	1,007
지방교육세	321	122	443
건강증진부담금	354	487	841
개별소비세	-	594	594
VAT 등	234	199	433
	2,500	2,000	4,500

자료: 보건복지부

에 보유하고 있는 담배의 재고까지 감안할 때 2015년 편의점 업체들의 매출액과 이익은 큰 폭으로 증가할 것으로 예상된다.

신규 출점에 대한 경쟁도 계속될 전망이다. 2000년 2,826개에 불과했던 전국 편의점 매장은 2014년 기준 2만 6,020점포가 운영 중이다. 앞서 이야기했다시피 주요 3사(CU, GS25, 세븐일레븐)의 경우 올해에만 각각 500여 개 이상의 출점을 계획하고 있다. 2013년 기존 업체의 편의점을 인수해 편의점 시장에 본격적으로 진출한 신세계 계열의 위드미 역시 올해에만 약 1,000개의 신규 매장을 오픈할 계획이라 점포 출점에 대한 경쟁 심화가 예상된다.

경쟁뿐 아니라 출점에 따른 성장 가능성에 대한 기대감도 존재한다. 편의점 업계는 전국에 위치한 5만여 개 Mom&Pop's(보통 어머니, 아버지들이 아르바이트 고용 없이 단독으로 운영하는 구멍가게를 지칭) 매장들이 편의점으로 전환될 가능성을 높게 보고 있다. 실제 2003년까지 연평균 30%

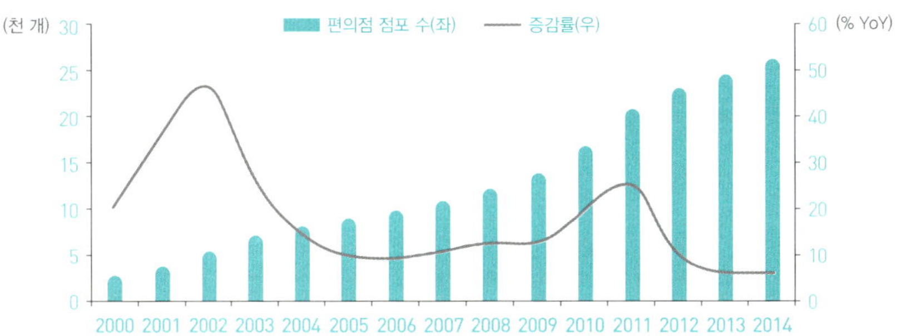

이상 매장이 증가한 이후 2004년부터 2007년까지 편의점 업계 내 신규 출점은 연평균 11.3%에 그쳤다. 그러나 2010년과 2011년 사이 신규 매장이 평균 20% 이상 증가하며 2차 성장기가 나타났다. 업계에서 얘기하는 Mom&Pop's 매장에 대한 전환이 가속화될 경우 성장에 대한 추가 여력은 충분해 보인다.

단, 성장에 있어 효율화 측면의 고려는 필요하다. 출점이 계속되면서 편의점 점포당 인구(국내 인구 수/편의점 매장 수)는 하락 추세에 있다. 1990년대 초 편의점 도입 당시 편의점 1개 점포당 가용 인구는 평균 15만 명(1990년부터 1999년까지 평균 수치)을 상회했다. 그러나 폭발적인 매장 증가와 더불어 2000년대 편의점당 인구 수는 6,800여 명에 그쳤고, 2010년 이후 편의점당 인구 수는 3,000명을 하회하고 있다. 또 2013년 이후 편의점당 인구 수는 평균 2,000명을 하회해 출점 포화에 대한 우려를 양산하고 있다. 특히 최근 들어 정부 측에서도 편의점 점주들에 대한 보호정책을 지속해서 양산하고 있다는 점을 생각하면 출점에 따른 경쟁이 우려스럽다.

도시락 제품군에 대한 경쟁력 강화 또한 최근 편의점 업체에서 화두이다. 2010년 GS25의 '김혜자도시락'을 필두로 2015년 세븐일레븐의 '혜리도시락' 등 차별화된 도시락 제품이 계속해서 출시되고 있다. 이러한 도시락 제품군 강화는 단순한 품목 경쟁력 강화에 그치지 않는다. 삼각김밥 및 샌드위치 제품군에서 시작된 도시락 제품군은 최근 유통업계에 이슈가 되고 있는 HMR(Home Meal Replacement, 가정식 대체 식품)과도 직접적 연관성이 있다. 도시락 제품군의 경쟁력 강화는 전체 판매 제품에 대한 ASP(Average Sales Price, 평균판매단가) 상승효과과도 덩달아 줄 수 있게 한다.

대표적인 예로는 삼각김밥이 있다. 삼각김밥은 1991년 세븐일레븐에서 처음 도입했다. 이미 일본 편의점에서는 1970년대 후반부터 판

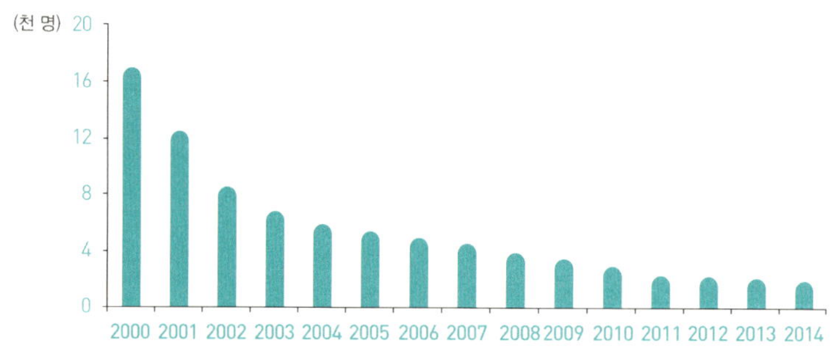

Fig 13

편의점 점포당 인구 수 – 하락 추세로 효율성에 대한 우려 존재

주: 편의점당 인구 수는 전체 국내 인구 수를 편의점 점포 수로 나눈 단순 수치임
자료: 한국편의점협회

매되고 있던 제품이었다. 초기 도입 당시 500원에 불과했던 삼각김밥 가격은 2015년 현재 900원대를 돌파한 상황이다. 20년 이상이라는 기간을 감안할 때 가격 인상 폭은 크지 않지만 유사 제품인 도시락 제품군 가격 역시 상승한 상황이다. 주로 삼각김밥과 도시락 제품군이 PB 상품으로 구성되어 있고 해당 품목의 매출 역시 매년 50% 이상 성장하고 있어 업체들의 매출총이익률 개선에 일조하고 있다.

아직까지 도시락 제품군이 매장에 진열되는 상품 단위수는 20개 수준에 그치고 있다. 물론 도입 초기 당시 1~2개에 불과했던 진열 상품 단위에 비하면 괄목할 만한 발전이나 여전히 선택의 폭은 좁다. 혼자 식사하는 문화가 발달한 일본과 달리 어울려 식사하는 우리나라의 식사문화 또한 도시락 시장이 성장하는 데 걸림돌이 되었다. 그러나 최근 CJ그룹의 올리브마켓 등에서 1만 5,000원짜리 고품질 도시락을 선보이며 도시락 시장의 다양성을 부여했고, 1인 가구가 증가하고 있

HMR 시장 규모 – 2013년 기준 1조 3,000억 원 돌파

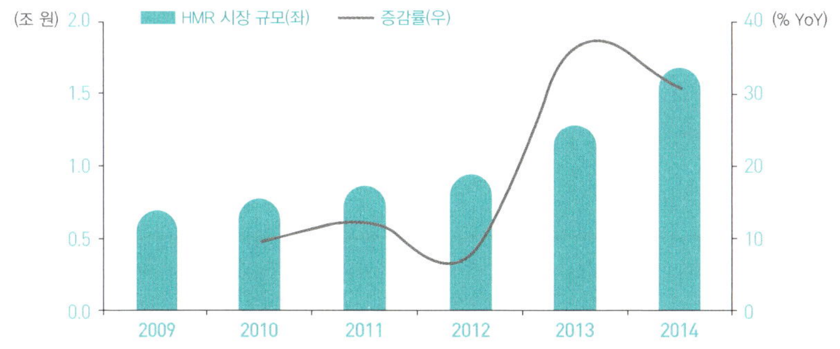

자료: CJ제일제당

다는 점을 감안하면 향후 도시락 제품에 대한 성장 가능성은 높아 보인다.

편의점 시장에 나타난 최근 동향을 정리해봅시다.
편의점 시장에 나타난 최근 동향들에 대해서 정리해보시기 바랍니다. 담배 가격 인상, 도시락 시장, 출점 확대 등의 이슈와 그 내용 및 추이 중심으로 접근해봅시다.

관련 자료 찾아보기 ❹
검색 키워드, '편의점 도시락'

'편의점 도시락' 키워드 하나만 검색해도 매우 다양한 스토리와 분석들을 발견할 수 있습니다. 도시락을 왜 편의점에서 많이 팔 수 있는지, 프리미엄 도시락의 시장성은 어떤지, 경쟁사 간 PB상품 도시락의 구성과 특징은 어떤지 등 이런 분석을 통해 상품을 이해하는 시각을 기르시기 바랍니다.

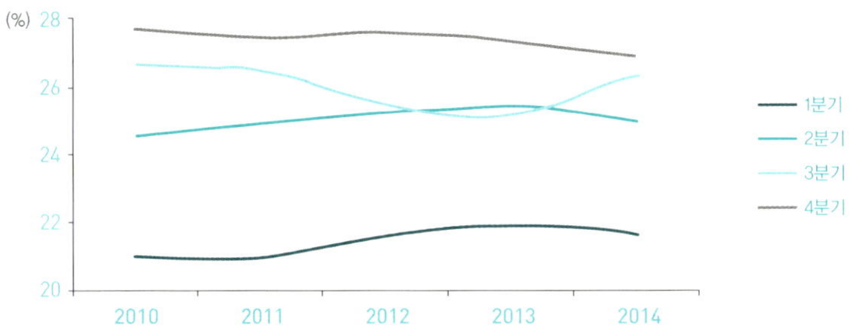

편의점에도 있는 성수기와 비수기

편의점 업체의 계절적 특수성은 판매 품목과 밀접한 관계를 나타낸다. 앞서 언급한 바와 같이 편의점 매출 가운데 가장 많은 매출은 음료 등 가공식품과 담배 품목 등에서 발생한다. 그중에서도 음료 등 가공식품 비중이 50%에 육박하는 수준으로 높은데 음료 매출이 주로 여름철에 높게 나타난다는 점을 감안하면 여름을 성수기, 겨울을 비수기로 단순화시킬 수 있어 보인다.

음료 매출의 경우 계절적 특수성과 관련해 스포츠 이벤트와 같은 행사 시즌과도 밀접한 연관성을 나타낸다. 실제 월드컵 등 대형 스포츠 이벤트가 있는 시기에는 편의점 매출이 상승하는 모습이 보인다.

03

변화하는 편의점의
소비 트렌드

최근 편의점 업종 내 가장 화두가 되고 있는 트렌드는 단순 생필품 판매에서 벗어난 품목의 다변화와 PB상품 강화, 그리고 1~2인 가구 증가에 따른 맞춤형 제품 및 서비스 제공이다.

통계청에 따르면 1~2인 가구 비율은 2035년 전체 가구의 34%가 넘을 것으로 보인다. 1인 가구가 증가함에 따라 1인분 소포장 제품 및 간편식에 대한 관심이 높아지고 있다. 편의점의 강점은 주변 생활편의시설 가운데 접근성이 가장 높은 유통업태라는 점에 있다. 이 강점에 더해서 편의점 업태는 1~2인 가구가 증가하는 흐름에 발맞춰 간편식, 건강기능식품 등의 제품 출시를 이어가고 있는 것이다. 그뿐만 아니라 최근 들어 편의점 업체들은 접근성에 대한 경쟁력을 토대로 택배 서비스, 공과금 수납 서비스, 현금 인출기 등 운송·금융 서비스와 관련된 상품에 눈길을 돌리고 있다.

신선식품 비중의 확대

편의점에서 판매하는 제품 가운데 가장 많이 팔리는 것은 음료 제품 군이다. 하지만 가장 이슈가 많이 되는 제품은 앞서 이야기했듯이 도 시락 제품군이다. GS25의 김혜자도시락은 2014년에만 220만 개 이상 판매된 히트 상품이다. 도시락과 같은 PB상품군의 마진은 일반 제품 의 마진 대비 약 10%p 높다. 일본의 경우 세븐일레븐의 도시락, 로손 의 후식 케이크 등 특화된 상품에 대한 소비자 선호도가 뚜렷할 정도 이다. 국내에서도 도시락과 같은 신선식품(Fresh Food, FF상품)의 강화가 계속되고 있다. 도시락뿐 아니라 얼음을 포함한 파우치 커피 음료 등 과 같은 제품군 강화가 대표적 예이다.

그뿐만 아니라 일부 매장의 경우 과일 같은 신선식품으로까지 영역 을 확장하고 있다. 일본의 경우 중소도시 상권에서는 이미 과일뿐 아

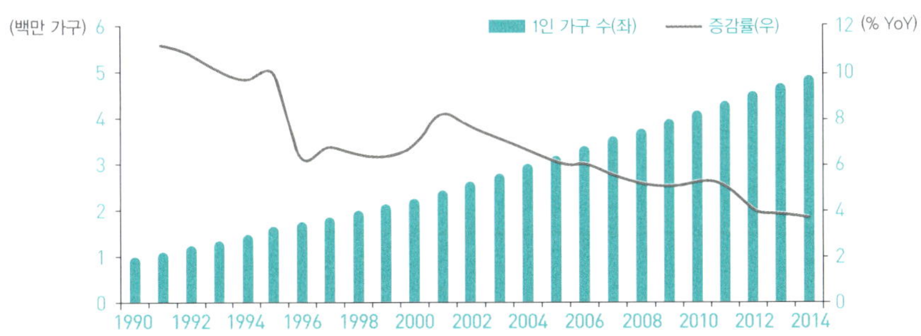

Fig 16

1인 가구 수의 증가 추이 – 2014년 기준 1인 가구 수는 489만 가구로 1992년 대비 약 4배 증가

자료: 통계청

니라 채소와 같은 신선식품군이 판매된다. 아직까지 국내에서는 중소형 상권에 위치한 동네 구멍가게 혹은 슈퍼마켓 등에서 주로 신선식품이 판매되고 있으나 향후 중소형 상권으로까지 편의점 시장이 확대될 경우 신선식품군에 대한 비중을 확대하려던 노력은 성과를 나타낼 전망이다.

특히 2003년 가구당 3.46명에 달했던 가구원 수는 2015년 1분기 현재 3.17명으로 약 10% 감소했다. 가구당 가구원 수 하락은 소형 포장에 대한 니즈를 확산시키고 있다. 코스트코와 같은 창고형 할인매장뿐 아니라 대형마트에서는 아직까지 소량 포장보다는 3~4인 가구를 위한 제품이 대다수이다. 따라서 동네 상권에서의 접근성까지 고려할 때, 소량 포장과 신선식품에 대한 편의점 업계의 경쟁력은 충분해 보인다.

편의점의 변화 트렌드를 인구 구성 변화와 연결시켜 생각해봅시다.
편의점도 최근 들어서는 큰 트렌드 변화를 보여주고 있습니다. 가장 중요하게 인식해야 할 부분은 인구 구성의 변화에 따른 상품 라인 대응과 PB상품의 확대로 집약해볼 수 있습니다. 실제 면접장에서도 이 주제에 대한 지원자의 경험이나 의견을 자주 물어볼 수 있으므로 그 내용에 대해 세밀하게 정리해야 합니다.

'솔로족 편의점 상품', '편의점 PB상품'을 키워드로 관련 언론 보도나 분석 자료를 많이 탐색해보시기 바랍니다. 편의점 불황기를 PB상품이 극복해내고 있다고 할 만큼 유통업계 입장에서는 전략적으로 중요한 사업영역으로 떠올라 있습니다. 따라서 채용 과정에서도 자주 다뤄질 수밖에 없는 주제입니다.

가격보다 맛과 품질에 비례되는 수요

편의점 업계는 일반 소비재를 판매하는 유통채널이기 때문에 수요와 공급의 특이사항이 크지 않다. 하지만 두 가지 방향에서 접근이 가능하다. 편의점 본사와 점주 간 수요공급 관계와 브랜드 납품 업체와 편의점 본사 간 수요공급 관계이다. 사실상 편의점이 프랜차이즈, 즉 대리점 형태로 진행되고 있다는 점을 생각하면 편의점 본사와 점주 간 수요공급 관계는 크지 않다. 그러나 최근 들어 정부의 소상공인 지원 정책 등에 따라 편의점 본사는 점주의 수익성을 높이기 위한 다양한 내부 정책을 내놓고 있다. 상생비용 및 기타 부대비용 지원 등과 같은 정책과 본사와 점주 간 수익 배분 구조의 변화가 그것이다. 특히 과거에는 본사와 점주 간 수익 배분 구조가 60대 40 비율로 이뤄졌다면 최근에는 30대 70 구조로까지 변화하고 있다.

또 편의점 신규 출점이 늘어나면서 편의점 본사와 점주 간 수요공급 관계에도 변화가 진행 중이다. 앞서 언급한 바와 같이 국내 편의점 시장에 이미 3만 개에 육박하는 매장이 포진해 있고, 위드미와 같은 신규 진입자가 1,000개 이상의 신규 출점을 계획하면서 기존 업체들은 점주 지키기에 앞장서고 있다. 2010년 이후 오픈한 점포의 약 30%가 신규 점포이기 때문에 경쟁 점포에 대한 긴장을 놓을 수 없다.

편의점과 브랜드 업체 간 수요공급 관계는 유통업체로서 피할 수 없는 관계이다. 브랜드 업체의 경우 자신의 회사 제품을 소비자들이 더 접근하기 쉬운 위치에 두고 싶어 하고, 편의점은 판매율이 높은 상품을 두고 싶어한다. 이러한 역학 관계 사이에서 흔히 말하는 '갑을 관계'가 존재하는 것이다. 물론 일방적인 갑을 관계는 없다. 편의점 역시 브랜드 제품이 없을 경우 매대 공간을 자사 상품으로만 채우기 쉽지 않기 때문이다. 그러나 흔히 볼 수 있는 '할인 행사' 혹은 '1+1 행사' 등과 같은 판촉 이벤트에서 본사와 브랜드 업체 간 비용 분담에 대한 수요공급 관계가 발생한다.

수요공급 이슈와는 조금 동떨어진 얘기가 될 수도 있으나 계속해서 언급하고 있는 도시락의 경우 수요, 즉 제품에 대한 고객의 욕구를 충족하기 위한 노력이 절실하다. 소비재는 소비자들의 니즈 없이는 성공할 수 없다. 과거처럼 제품을 만들면 팔리던 시대는 지났다. 이제는 소비자들이 제품을 구매하면 그에 따른 마케팅이 중요한 시대이다. 소셜네트워킹이 강화되면서 이러한 부분들은 유통업체들에게 더욱 중요해지고 있다. 요즘 소비자들은 제품만 좋다면 가격에 크게 구애받지 않는다. 도시락 역시 품질과 맛이 좋다면 ASP가 상승하더라도 구매 수요는 충분하리라 판단된다.

수요와 공급 측면에서 편의점 시장의 이슈들을 파악해봅시다.

수요와 공급 측면에서 편의점 산업에 여러 이슈들이 만들어집니다. 위드미 같은 신규 진입자와 기존 경쟁 업체들과의 경쟁 확대, 브랜드 업체와 PB상품 간의 디스플레이 이해 관계, 정부 규제에 따른 점주와의 이익 배분 문제 등 다양합니다. 이에 대한 대응 전략을 어떻게 세워야 할지 커피, 치킨, 미용실 등의 여타 산업 영역에서 얻을 만한 시사점은 없는지 살펴보시기 바랍니다.

관련 자료 찾아보기 ❻
한국유통학회, 「한국 편의점의 성숙기 대응 전략」

한국유통학회에서 발간하는 《유통연구》(14권 5호)에 실린 「한국 편의점의 성숙기 대응 전략」논문을 참고해보시기 바랍니다. 일본 세븐일레븐의 패스트푸드 할인 판매를 둘러싼 본부와 가맹점 간 첨예한 이해관계 다툼을 사례로 들면서 편의점 수익 구조의 발생과 배분에 대한 이해, 그리고 그것이 국내 편의점 업계에 어떤 시사점을 주는지 등을 알 수 있습니다.

상위 3개 업체의 지속적인 점유율 경쟁

국내 편의점 시장 내 경쟁 구도는 당분간 유지될 전망이다. 2014년 기준 2만 6,020개가 운영 중인 편의점 시장에서 GS리테일의 GS25는 8,290개의 매장을 운영 중이다. 매장 수 기준 1위 업체인 BGF리테일의 CU와는 불과 118개 차이에 불과하다. 3위 업체인 세븐일레븐 매장 수는 7,230개로 GS리테일과 약 1,000개 차이가 난다. 2015년에도 각각의 업체들이 매장 증가를 목표로 하고 있어 당분간 매장 수 점유율은 이와 같을 것으로 예상된다.

후발 업체인 위드미의 공격적인 점포 확장은 아직까지 미미한 상황이다. 2013년 출점 이후 2014년 약 1,000개의 신규 매장 오픈을 계획했으나 실제로는 500여 개 남짓에 그쳤다. 기존 업체들의 지원금 정책과 신규 업체로서의 차별화 포인트의 부재가 주요 원인으로 판단된다.

Fig 17

상위 3개 업체의 점포 수 – GS리테일은 시장 2위 업체로 1위 업체인 CU와의 매장과 격차를 좁혀 나가는 중

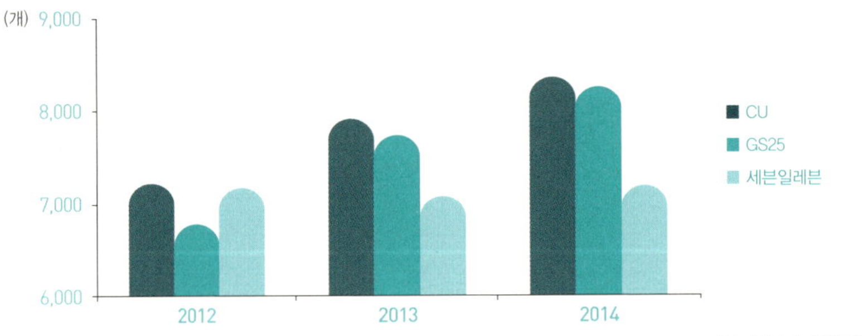

위드미의 경우 기존 업체들과는 달리 회원제 성격의 점포 운영을 지향하고 있다. 기존 점포들이 수수료 마진에 대한 이익공유제도를 시행하고 있다면 위드미는 회원 가입을 통한 가입비를 제외한 기타 매출에 대한 이익공유제도가 없기 때문이다. 위드미의 경우 본사는 상품 공급업자로서의 역할에 치중할 것으로 보인다. 아직까지는 위드미가 업계에 진출하면서 일으키는 파장이 미미하지만 앞으로 추이를 지켜봐야 할 것이다.

세븐일레븐의 확장정책 재개 또한 2015년 상위 3개 업체의 경쟁 구도에 있어 변수로 작용할 예정이다. 세븐일레븐은 2013년 신규 출점 매장 수가 89개 감소했고, 2014년에도 117개 오픈에 그쳤지만 2015년에는 400개 이상의 출점을 계획 중으로 상위 2개 업체와 더불어 출점에 대한 전략을 재개할 예정이다.

 **GS리테일의 시장 변수에 대한 대응 전략을 파악해봅시다.**

위드미의 수익 배분 구조는 GS리테일을 포함한 기존 업체들과는 상이합니다. 기본적으로는 가맹점의 이익에 따라 본부의 로열티 수익도 비례하지만 위드미는 일정한 정액회비로 대체한다는 것, 그리고 체인 전체의 이익보다는 개별 점포의 이익을 우선시하겠다는 전략입니다. 신규 가맹점을 유도하기 위한 차별화 전략에서 출발하고 있다고 이해하면 될 것 같으며, 향후 운영 과정에서 점주와 본사 간의 이해관계가 복잡하게 얽히고 정부의 규제라는 변수가 개입되면서 또 다른 형태로 바뀔 개연성은 있다고 봐야 할 것입니다. 취준생에게 중요한 점은 어떤 방식이 옳으냐의 문제보다는, 어떤 변수들을 회사가 중요하게 인식하고 있는지, 이에 대해 어떤 대응 전략을 구사하고 있는지에 대한 부분입니다.

관련 자료 찾아보기 ❼
검색 키워드, '편의점 수익 배분' 

편의점 수익 배분 구조에 대한 이해를 위해 '편의점 수익 배분'을 키워드로 해서 본사와 점주의 시각을 골고루 살펴보시기 바랍니다. 그리고 독립형 편의점 위드미의 경우 본사가 사업 초기 배분 몫을 일정 부분 양보하는 대신 무엇을 얻고자 하는 것인지도 말이죠. 다만, 언론에서 소개되는 내용은 아무래도 생계의 수단으로 운영하는 편의점주 입장을 많이 반영하게 되므로 이 점을 참고하여 사실을 중심으로 접근하면 되겠습니다.

경쟁력 강화를 위한 상품 다변화

편의점 업체 가운데 GS리테일이 가지고 있는 특징이자 경쟁력이라고 한다면 슈퍼마켓과 H&B^{Health & beauty} 사업을 함께 진행하고 있다는 점이다. 최근 편의점 업계는 기존 공산품 위주의 상품 구성에서 신선식품군으로의 상품 다변화를 모색 중에 있다. 이미 잘 알고 있듯이 슈퍼마켓의 경우 전체 품목의 30% 이상이 신선식품이다. 향후 편의점 내 식품 품목 확대 시 공동구매를 통한 구매비용 절감 등 규모의 경제를 실현할 수 있는 포인트이다.

왓슨스^{Watsons} 역시 타 편의점 업체와 차별화되는 포인트이다. 왓슨스의 경우 H&B 사업으로 F&B^{Food & Beverage} 사업인 편의점과는 다소 차이가 있다. 하지만 일본 편의점 시장의 경우 H&B와 F&B 간 영역이 모호해진 상황이고, 이미 국내 편의점 역시 기존에 판매하지 않던 의약품(Over The Counter Drug, 기존 약국 이외에 슈퍼마켓이나 편의점 등에서 연고, 드링크류 등 간단한 의약품을 판매하도록 허용한 제도) 등을 판매하며 영역을 확장해나가고 있다. 뷰티 제품군에 대해서는 향후 추이 확인이 필요하나 건강기능 식품 등 헬스 제품에 대한 편의점 시장 내 차별화된 경쟁력은 있다.

기존 신선식품, 즉 FF상품군의 경우 김혜자도시락, 공화춘, 망고스틱 등 히트 상품을 계속해서 출시하고 있다. 김혜자도시락의 경우 연예인 이미지를 도입한 성공적인 케이스로 최근 혜리도시락 출시 등에도 영향을 미치고 있다. 물론 유통업체의 특성상 히트 상품이 출시되면 경쟁적으로 미투^{me too} 상품(유사 상품)이 출시된다. GS리테일은 자회사인 후레쉬서브, 자체 식품개발연구소 등을 운영하며 신규 상품 개발을 위해서 노력 중에 있다.

유통업계에서 사용하는 용어들에 익숙해지도록 합시다.
지금까지의 내용만 하더라도 PB, FF, F&B, H&B, HMR, ASP, Mom&Pop's, SSM 등 영어식 줄임말이 자주 등장합니다. 유통업계에서 사용하는 이런 일상화된 표현들은 스스로도 낯설지 않도록 반복 사용하면서 익숙해지시기 바랍니다.

관련 자료 찾아보기 ⑧
검색 키워드, '편의점 성장 전략'

'공화춘', '김혜자도시락' 등은 GS리테일의 사업 전략이 무엇인지를 잘 보여주고 있습니다. 즉 브랜드 제품의 단순 유통이 아니라 PB상품을 통해 차별화된 가치를 소비자에게 제공하겠다는 것입니다. 유사한 상품을 유사한 방식으로 경쟁사와 경쟁해서는 소비자 가치를 창출할 수 없기 때문일 것입니다. GS리테일만의 차별화된 가치, 과연 무엇이 있고 어떻게 창출해야 할 것인지 '편의점 성장 전략'을 키워드로 다양한 자료를 찾아보시기 바랍니다.

04

편의점의
미래 발전 가능성은?

매출 상승의 장애물, 출점 및 영업 시간 규제

현재 유통산업에 적용되고 있는 가장 영향력이 큰 규제는 '유통산업 발전법에 따른 출점 및 영업 시간 규제'이다. 해당 규제로 대형마트와 대규모 형태의 슈퍼마켓은 기존 전통시장으로부터 500m 이내에 출점 시 해당 자치구에 등록, 허가를 받도록 되어 있다. 물론 기초자치단체의 의지에 따라 출점이 가능한 여부는 달리 적용되고 있으나 현재까지 대부분의 자치구에서는 전통시장 인근 상권 내 신규 출점을 금하고 있다.

법률상으로 대형마트의 영업 시간도 제한되어 있는데, 2013년 기존 오전 0시부터 오전 8시까지의 영업 규제 시간을 오전 0시부터 오전 10시까지로 연장했다. 이러한 규제에 따라 대형 유통업체들의 매출은 감소했지만 전통시장의 매출이 상승했는지는 논란이다. 유통산업발전법의 경우 당분간 완화 가능성에 대한 전망 자체가 어려운 상황으로 현재 시점에서는 규제로 인한 매출 감소는 계속될 것으로 보인다.

1인 가구 증가와 편의점의 고공행진

SSM에 비해 유통산업 내 편의점 업체에 대한 경쟁력은 계속 이어질 전망이다. 2014년 하반기 이후 주식시장에서 편의점 업체의 주가는 타 유통업체 주가 대비 높은 상대 수익률을 기록하고 있다. 담배 가격이 인상되면서 영업실적이 개선되기도 했지만 1~2인 가구 수의 증가, 편의점이라는 접근성의 용이함을 바탕으로 중·장기 성장성에 대한 전망이 긍정적이기 때문이다.

실제 담배 가격이 인상되기 이전인 2014년과 2013년 편의점 업체의 기존점 성장률은 평균 +8.4%, +9.4%(2013년의 경우 산업통상자원부에서 3월부터 기존점 성장률 데이터를 발표)를 기록했다. 그에 반해 2014년 백화점과 대형마트의 기존점 성장률은 각각 -0.4%, -3.2%에 그쳤다. 담배 가격이 인상된 2015년의 경우 20%를 상회하는 기존점 성장률을 나타내고 있다. 가격이 인상한 후에도 수요 감소가 갈수록 둔화되고 있다는 점을 감안하면 연중 고성장세는 계속될 것으로 보인다. 실제 1월과 2월 기존점은 각각 +4.2%, +10.2%를 기록했으나 3월과 4월 기존점은 +23.1%, +28.4%를 나타냈다. 가격 저항 심리가 둔화되고 있기 때문이다.

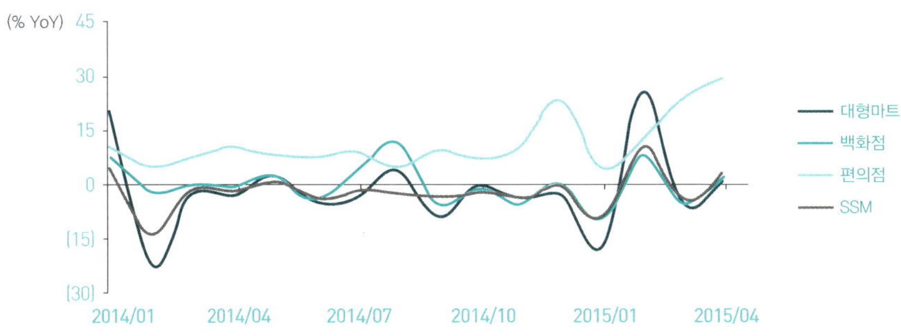

자료: 산업통상자원부

마진율 상승이 우선 과제

CU와 GS25로 대표되는 BGF리테일과 GS리테일의 국내 편의점 업체의 평균 영업이익률은 2~3% 수준에 그치고 있다. 반면 일본 대표 편의점 업체인 세븐&아이홀딩스는 평균 7% 수준의 영업이익률(순이익률 기준 3%대)을 나타내고 있다. 세븐&아이홀딩스가 국내 롯데쇼핑과 같이 백화점, 대형마트 등 기타 유통업체를 다양하게 영위하고 있다는 점을 고려해도 상대적으로 국내 편의점 업체들의 영업이익률은 낮은 편이다. 대만 편의점 업체들 역시 평균 5% 수준의 영업이익률을 나타내고 있다.

일본이나 대만 편의점 업체와 비교했을 때 국내 편의점 업체의 수익성이 낮은 이유는 담배의 매출 비중이 높고 FF상품 혹은 PB상품 비중이 낮기 때문이다. 앞서 잠깐 언급했듯이 담배의 유통마진은 2015년

80% 수준의 가격 인상 이후 불과 9% 초반대이다. 음료와 같은 가공식품은 30%, PB상품의 경우 30% 후반대 이상의 매출 총이익률을 나타낸다는 점에서 낮은 마진율이다.

물론 국내 업체들은 담배에 대한 비중을 낮추려는 작업을 계속해서 진행 중이다. 1차 목표는 일본 편의점 업체의 담배 매출 비중인 24% 수준까지 낮추는 것이다. 반대로 PB상품을 위주로 한 FF상품에 대한 비중을 높이려는 작업이 병행될 예정이다. 방향성에 대한 전망은 밝지만 속도에 대한 전망은 다소 불확실하다. 대기업 계열사 간 일감 몰아주기 정책 등에 따라 자체 식음료 개발 회사에 대한 투자가 더디게 진행되고, 도시락 등 일부 제품의 경우 중소기업 적합 상품으로 묶여 있어 과감한 투자가 어렵기 때문이다. 물론 중소·중견 기업 적합 상품 지정이 잘못되었다는 것은 아니다. 다만 중소·중견 기업들 역시 대기업 유통채널 내 상품 공급이라는 이점을 바탕으로 과감한 투자가 진행되어야 하고, 대기업과 중소·중견 기업 간 상생의 교류가 이뤄져야 할 것으로 보인다.

Fig 19

해외 편의점 업체와 GS리테일 영업이익률 비교

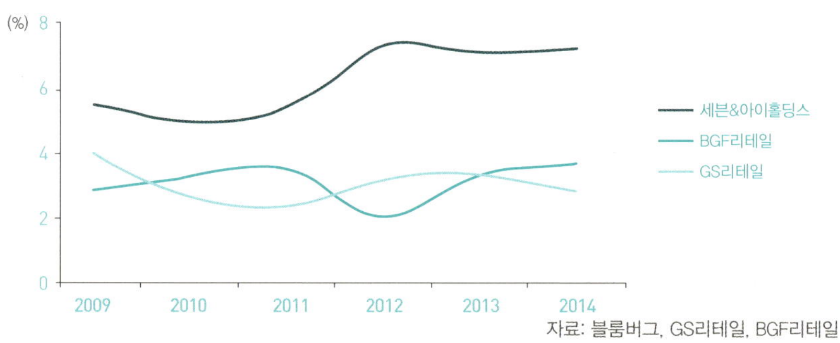

자료: 블룸버그, GS리테일, BGF리테일

 **GS리테일이 편의점 유통으로 영업이익률을 올리기 위해 어떤 방안들이 있을지 모색해봅시다.**

현재 편의점은 여타 유통채널에 비해 성장성은 유지되고 있지만 상대적으로 수익성은 부진한 모습입니다. 일본계 세븐일레븐의 영업이익률 7%대, 대만 업계의 5%대와 비교하면 국내 편의점의 2~3%대인 영업이익률 수준은 GS리테일이 앞으로 풀어야 할 과제입니다. PB상품과 음료 등의 가공식품 마진율이 30%대라는 점을 감안하면 앞으로 사업 전략이 어디에 초점이 모아질지 감이 잡힐 것입니다.

관련 자료 찾아보기 ⑨
검색 키워드, 'PB상품'

GS리테일은 '공화춘', '라벨리팥빙수', '위대한 시리즈(떡볶이, 야식, 숯불구이 후랑크, 단팥빵 등)', '김혜자도시락', '홍라면' 등 히트 PB상품을 지속적으로 내놓고 있습니다. 특히 메르스 사태로 GS리테일의 주가가 급등세를 보였는데 가격과 품질에서 경쟁력을 갖춘 이들 PB상품 판매가 급증한 데 따른 영향이었습니다. GS리테일은 2013년 식품연구소를 설립하여 전문점 수준의 음식 개발에 집중하고 있는데 그 이유도 이런 맥락에서 이해할 수 있습니다. GS리테일은 물론이고 경쟁사들의 PB상품에 대한 자료를 꼼꼼히 학습해서 편의점 PB상품 현황에 대해서 명확하게 알고 계시기 바랍니다.

GS 리테일

시장:
성장의 한계를 넘어
진화하는 밸류 넘버원

편의점은 이제 단순히 물건을 살 수 있는 곳이 아니라 점차 진화하여 택배·금융 서비스를 거래할 수 있고, 카페처럼 쉴 수 있는 등 복합적인 서비스 장소가 되었습니다. 끊임없이 변하는 트렌드에 유통산업도 변화를 요구받고, 그에 따른 성장 전략이 필요한 시대가 된 것입니다. 국내 편의점과 편의점 강국 일본의 사례를 통해 유통산업 전반에 흐르는 변화의 움직임을 파악하는 힘을 길러봅시다.

01

내수시장 전략과
경쟁상품의 위력

트렌드 변화에 따른 성장 전략의 전환

편의점 업태가 속한 유통산업은 일상생활에서 흔히 접할 수 있는 소비재 다음으로 가장 밀접한 관계를 가지고 있는 산업이다. 유통산업, 그리고 편의점의 미래를 전망하는 데 중요한 요인은 국내를 기반으로 하는 내수시장에서 점유율을 높이고 해외시장을 개척해야 한다는 두 가지 방향이다.

사실 국내시장에서 유통산업의 미래 성장성은 다소 암울하다. 언론에서 익히 들어왔던 내수시장의 저성장, 생산 가능 인구의 감소와 고령화 추세 때문이다. 더욱이 최근 정부의 중소기업 상생정책 등에 따라 대형 유통업체에 대한 규제는 나날이 강화되고 있다. 앞서 언급한 출점을 통한 성장 역시 일정 시점이 되면 한계에 이를 수밖에 없는 한

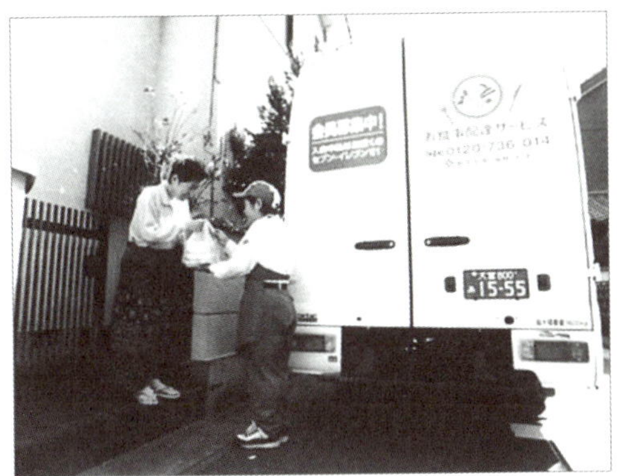

자료: 세븐&아이홀딩스

시적 성장이다. 이러한 상황에서 궁극적인 성장을 하려면 향후 트렌드 변화에 발맞춰 나가는 전략이 필요하다. 편의점의 경우 1~2인 가구의 증가와 고령화로 진입하는 사회에 맞춤형 전략을 적절하게 도입한다면 다른 유통업종 대비 미래에 대한 전망이 밝다.

일본의 경우 편의점 업체들은 이미 기존 편의점 형태를 벗어나 고령 인구를 대상으로 한 맞춤 서비스 등을 도입했다. 도심형이 아닌 중소도시 내 편의점에서 기존 공산품 이외에 생필품 등을 포함한 일상생활에 필요한 모든 제품을 판매하고, 기존 편의점에서 볼 수 없었던 배달 서비스까지 제공 중이다. 국내 편의점 업체들 역시 아직은 일부 점포에 불과하지만 노년층을 위한 여러 서비스를 진행 중이다. 국내 세븐일레븐의 경우 100여 개 매장에서 혈압 측정 서비스를 제공한다. 아직까지 수도권 내 극소수 매장에 불과하지만 일본과 같은 배달 서비스를 도입한 곳도 있다.

 **편의점의 미래상에 대해 탐색해봅시다.**

앞으로 편의점이 어떻게 진화할지에 관한 문제는 기업에 매우 중요한 이슈입니다. 어느 날 갑자기 회사 모습이 바뀌는 것이 아니라 경쟁사 혹은 여타 영역 사업자들과의 관계 속에서 하나씩 바뀌기 때문입니다. 대표적인 예가 일본 편의점 배달 서비스입니다. 실험적 단계가 지나고 수요가 확인되면 그런 서비스가 본격적인 경쟁 요소가 됩니다. 기업으로서는 이런 흐름을 당연히 예의주시하고 있습니다. 따라서 편의점의 미래상에 대한 탐색과 관련 흐름을 이해하려는 노력도 그만큼 중요합니다.

관련 자료 찾아보기 ⑩
검색 키워드, '편의점 미래상'

'편의점 미래상'을 키워드로 검색하면 일본뿐만 아니라 편의점 선진국인 홍콩의 편의점 시장에서 나타나고 있는 선진화된 시스템을 엿볼 수 있습니다. 예컨대, 일본은 도시락, 서점코너 등이 크게 발달되어 있고, 홍콩은 분식코너, 분유, 비처방 약품코너, 스티커 경품 행사 등 대형마트 영역이 편의점에 많이 들어와 있습니다. 혹시라도 배낭여행 등으로 일본이나 홍콩에 가게 되면 그곳의 편의점 디스플레이, 상품 종류, PB상품 특징 등을 살펴보면서 GS리테일이 참고할 만한 아이디어나 시사점이 있는지 체크해보시기 바랍니다.

국산 유통업체 간의 점유율 경쟁

국내 편의점 시장에서 CU, GS25, 세븐일레븐의 시장점유율은 80%를 상회하고 있으며 하위권 업체 가운데 매장이 가장 많은 업체는 미니스톱이다. OK마트, 조이마트, 위드미 등의 경우 매장 수가 각각 100여 개에 그치고 있는 실정으로 상위권 업체와 매장 수 차이는 크게 난다. 따라서 편의점 시장 내 점유율 변화는 크지 않을 것으로 보인다. 하지만 상위권 업체들의 출점에 대한 경쟁이 계속될 것이 때문에 점유율 상승은 이어질 것으로 예상된다.

해외 업체 진입에 따른 우려는 현재 상황에서 크지 않다. 1990년대 이후 국내 유통시장에 진출한 해외 업체들 가운데 성공적으로 안착했다는 평가를 받는 업체가 현재 없는 상황이다. 까르푸, 월마트 등 글로벌 유통업체들 역시 국내시장 진출 후 자산 매각 등의 방식을 통해 국내시장에서 철수했다. 물론 국내 업체들 역시 해외시장에서 성공적으로 안착했다는 평가를 받지 못하고 있다. 이는 국가별 정서, 문화 차이에 따른 결과로 보인다.

정서적으로나 문화적으로 가깝다고 느껴지는 일본과도 많은 차이가 있다. 식문화의 차이가 대표적인 예로 아직까지 국내에서는 외식 시 1인분 판매를 하고 있는 경우는 드물다. 물론 최근 들어 생활습관이 빠르게 변화하며 많은 식당에서 1인분 판매를 진행하고 있으나, 대중적으로 보편화된 것은 아니다. 이러한 점을 감안할 때 해외 업체들의 국내 진출에 따른 주요 참여자 변화는 당분간 없을 예정이고, 국내 상위 업체들의 시장점유율 상승 역시 당분간 계속될 전망이다.

마더 헤레사의 등장, '김혜자도시락'

GS리테일의 최대 히트 상품은 김혜자도시락과 망고스틱이다. 2010년 첫 출시된 김혜자도시락은 가성비에 대한 소비자 만족도 상승과 함께 2014년 이후 '마더 헤레사 도시락' 등으로도 불리고 있다. 망고스틱은 2014년 출시 이후 여름 성수기에 20만 개 이상이 판매된 히트 상품 중 하나이다. 망고에 대한 소비자 선호도 상승과 함께 발 빠른 상품 구비가 히트 상품을 만들어 낸 경우이다.

물론 김혜자도시락, 망고스틱 이외에도 다양한 히트 상품은 존재한다. 공화춘 컵라면과 위대한 시리즈 상품, 그리고 식객 상품 등이다. 위대한 시리즈와 식객 상품 경우 HMR, 햄버거 등 간편식 상품으로 집객효과를 상승시키는 데 일조한 상품이다. 그뿐만 아니라 공화춘 컵라면과 홍석천 컵라면, 그리고 2014년 하반기에 출시된 오모리 김치찌개 컵라면은 언론에서 발표한 '먹어볼 만한 편의점 컵라면' 6개 가운데 모두 포함된 상품이다. 공화춘의 경우 2006년 짜장면, 2007년 삼선짬뽕, 2012년 아주 매운 짬뽕과 공화춘 짜장 곱빼기 등 시리즈로도 출시되었다. 먹어볼 만한 편의점 컵라면에서 1위를 차지한 홍석천의 홍라면은 매운치즈볶음면과 매운해물볶음면 2종으로 구성되어 있다.

GS리테일의 히트 상품들 – 김혜자도시락, 망고스틱, 위대한 시리즈 등

자료: GS리테일

멘토의 Tip ⑫ 　　　　　　　　**PB상품들의 히트 요인 알아보기**

PB상품들의 히트 요인에 대해 알아봅시다.

PB상품들이 어떤 요인에 의해서 히트를 칠 수 있었는지 명확하게 이해하시기 바랍니다. 히트 상품의 종류와 특징을 이해하는 것도 중요하지만 막상 면접에서는 히트한 이유를 물어봄으로써 편의점 사업을 보는 눈이 있는지 검증할 가능성이 높기 때문입니다.

GS리테일의 매출 효자, 신선식품

신선식품을 중심으로 한 히트 상품의 영향으로 GS리테일의 FF상품, 가공·일배(일일 배달) 식품의 매출 비중은 2011년 45.7%에서 2014년 47% 대로 약 2%p 상승했다. 일반적으로 FF상품의 매출 총이익률은 일반 상품 마진율 대비 약 10%p 높은 편이다. FF상품 위주의 히트 상품이 늘어날수록 회사 전체 수익성 개선에 도움이 되는 것이다. 물론 2015년의 경우 담배 가격이 인상하면서 FF상품, 가공·일배 식품의 매출 비중은 다소 하락할 전망이다. 2014년까지 35% 수준에 불과했던 담배 매출 비중이 가격 인상에도 불구하고 수요 유지로 확대될 것이기 때문이다.

GS리테일의 식품별 판매율 추이 – PB상품의 판매 호조로 FF상품, 가공·일배 식품의 매출 비중은 매년 약 1%p 상승

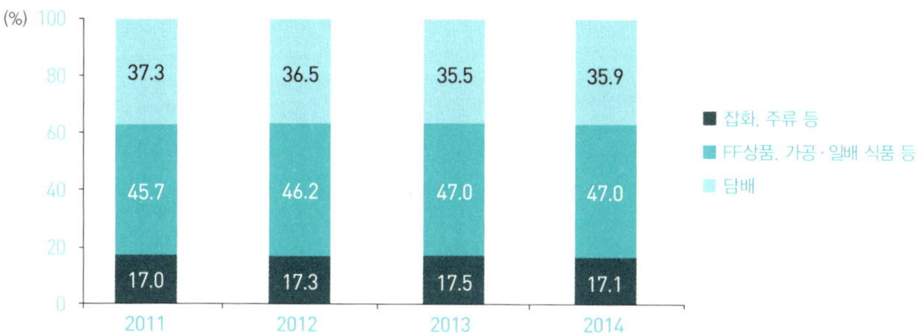

자료: GS리테일

멘토의 Tip ⑬　　　　　FF상품의 특징 파악하기

편의점 사업에서 FF상품의 중요성을 인지하고, 해당 상품의 특징들을 잘 파악해둡시다.

편의점에는 FF상품의 중요성이 지속적으로 확대되고 있습니다. 그렇다면 FF상품의 특성상 하루에 몇 번 배달이 필요할지, 그리고 야간배달의 문제는 어떻게 해법을 찾아야 할지, 무슨 요일을 중요하게 다뤄야 하는지 등 보다 상세한 문제들을 질문해보시기 바랍니다. 이런 상상력을 자주 동원하다 보면 해당 산업을 보는 눈이 자연스럽게 생깁니다. 취업 준비에 여유가 없다고 느껴지더라도 잠깐 시간을 내서 중요한 이슈들에 대해 관련 자료를 찾아본다면 자신만이 얘기할 수 있는 스토리를 의외로 쉽게 얻을 수 있습니다.

상품 구성이나 발주 등을 다루는 '머천다이징Merchandising'을 키워드로 해서 편의점 머천다이징은 어떻게 돌아가는지 살펴보시기 바랍니다. 흔히 머천다이징을 MD라고 하는데, 이는 수요자의 니즈를 제때 파악해서 상품화 계획과 판촉 전략을 통해 기업의 매출을 올리는 직무입니다. 편의점 외에도 홈쇼핑이나 패션업계 등 다양한 리테일 영역에서 MD가 중요한 역할을 하고 있으므로 MD의 시각에서 편의점 판매를 바라보시기 바랍니다.

편의점 원조국 일본의 유통시장

승승장구하는 일본 편의점 시장

일본 소매유통업의 시장 규모는 약 141조 엔(2014년 기준, 원화 환산 시 약 1,340조 원)으로 국내 소매판매액 대비 약 3배 큰 규모(2014년 기준 국내 소매판매액: 359.5조 원)이다. 전년대비 판매액 증가는 1.7%에 그쳤으나 2013년도의 증가율 0.9%보다는 높은 성장을 나타내 점진적인 개선 방향을 나타내고 있다.

편의점 시장의 매출액은 2014년 전년대비 6.8% 증가했다. 일본 전체 편의점 시장 규모는 약 10조 엔(2014년 기준, 원화 환산 시 약 95조 원)으로 국내 편의점 시장 규모가 약 12조 원인 것에 비해 매출액 기준으로 약 8배 큰 시장이다.

매장의 경우 2014년 기준 5만 3,283개가 운영 중인데 전체 점포 성장

유통시장의 일본 소매판매액 추이 – 일본 소매 유통시장은 느리지만 점진적 개선 방향성을 보여준다.

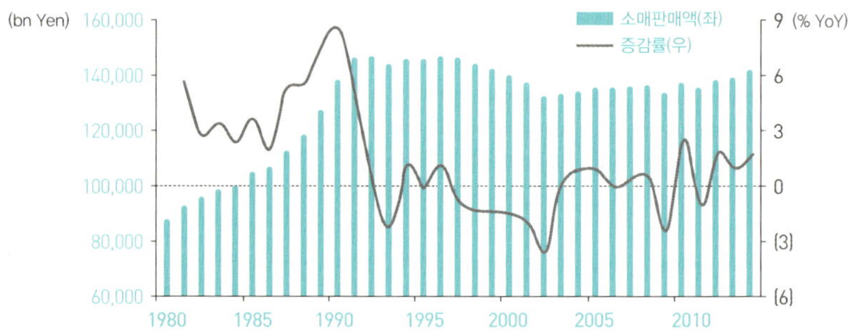

자료: 일본총무부

률 대비 매출성장률이 소폭이나마 높게 나타나고 있어 기존 점포의 효율성 또한 향상되고 있는 모습이다. 같은 시점을 기준으로 국내에서 영업 중인 편의점 수는 2만 6,424개이다. 매출액 기준으로는 약 8배 차이가 나지만 매장 수 기준으로는 약 2배 차이가 난다.

단순 매출액 또는 매장 수에 대한 비교가 아닌 질적인 경쟁 구도를 분석해보면 일본 편의점 업체들의 경우 기존 유통업체가 아닌 레스토랑 등 외식업체들과 경쟁하고 있다. 2013년을 기준으로 일본의 식품 관련 매출 가운데 외식업체의 매출 비중은 17.6%에 불과했다. 편의점 업체의 매출 비중이 식품 관련 매출 가운데 42.2%로 40%를 상회한다는 점을 고려하면 상대적으로 편의점이 경쟁 우위를 점하고 있는 것이다.

일본과 한국 편의점 비교 – 일본 편의점 시장은 타 업태로의 진화를 통해 평당 매출액 상승

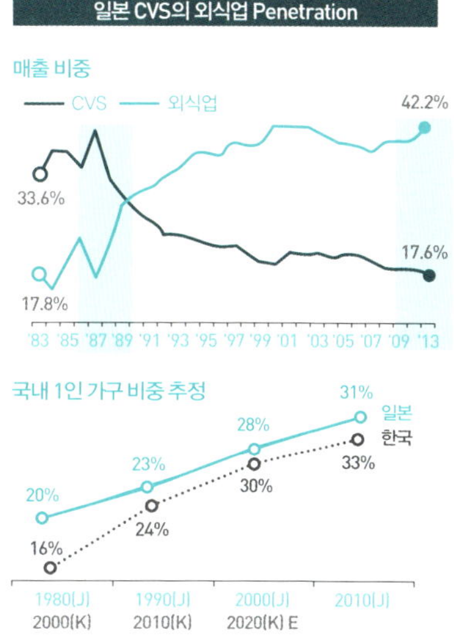

면적당 매출 비교				
구분	한국	일본	배수	비고
매출액(조 원)	12.8	112.6	8.8	A
점포 수(개)	24,859	53,634	2.2	B
인구 수(백만 명)	51.1	127.3	2.5	C
점포당 인구(명)	2,056	2,373	1.2	C/B
GDP(USD)	24,328	38,644	1.6	D
빅맥지수(USD)	3.19	4.16	1.3	E
실질구매력(GDP)	7,626	9,289	1.2	F=D/E
점당 매출액(억 원)	5.1	21.0	4.1	G=A/B
구매력 환산 점당 매출액(억 원)	7.7	31.5	4.1	H=G*1.5
평균 면적	22	35	1.6	I
구매력 환산 평당 매출액(억 원)	0.35	0.9	2.6	H/I

* 2013년 기준 평균 환율 적용(100엔 1,123.5원)

주: 상기 자료는 2013년 기말 기준 수치를 바탕으로 GS리테일 측에서 가공한 자료임
자료: GS리테일, 통계청, 일본프랜차이즈협회

멘토의 **Tip ⑭**　　일본 편의점과 국내 편의점 비교하기

일본의 편의점 시장과 우리 편의점 시장을 비교·분석해봅시다.
일본의 편의점 시장 매출액은 우리나라보다 8배를 상회하고 있습니다. 특히 외식 레스토랑이 경쟁자로 인식될 만큼 식품의 판매 비중이 압도적입니다. 우리나라 편의점 시장도 과연 일본의 모습을 따라갈지 궁금해집니다. 혹시 면접에서 "국내 편의점이 일본과 같은 외식 판매 중심의 점포로 간다는 것에 대해 어떻게 생각하는가?" 같은 질문이 나온다면 어떻게 대답할지 고민해봅시다.

사실 위와 같은 질문에 제대로 답을 하기 위해서는 기본적으로 관련 통계를 잘 익혀두어야 합니다. 예컨대, 일본과 우리나라의 1인 가구 증가세 추이, 점포당 인구 수, FF상품의 판매 비중 추이 등에 대한 숫자를 갖고 추론해야만 설득력이 있습니다. 정답은 없습니다. 다만 논리가 얼마나 좋은가의 문제입니다. 그러기 위해서는 관련 산업과 시장 등에 관한 기초 통계를 잘 익혀두는 것이 매우 중요합니다. 따라서 면접 예상 질문을 가정하고 그 해법을 찾기 위한 자신만의 노트를 잘 갖추기 바랍니다.

1인 가구 증가와 매장 확대

GS리테일 측 자료에 의하면 일본 편의점 업체 1위인 세븐일레븐은 2000년대 정체기 이후 2010년대 들어 5%대 이상의 성장을 경험하고 있다. 일본 편의점 시장은 24시간 영업이 시작된 1975년대의 70%대 성장률에 이어 1980년대 15% 이상 성장세를 보여줬다. 그러다 2000년대 들어 5% 미만의 저성장을 경험했다. 실제 2004년부터 2007년까지 세븐일레븐의 경우 연평균 1.3% 성장에 그치며 성장 둔화를 겪었다. 전체 시장 역시 2001년부터 2010년까지 약 10년이라는 시간 동안 연평균 2.0% 성장(매출액 기준)에 그쳤다. 그러나 2005년 이후 폭발적으로 늘어난 1인 가구 수와 신규 매장 확대 등으로 2010년 이후에는 편의점 업계의 전체 매출은 연평균 6.8% 성장했다. 2010년까지 연평균 1.9% 증가에 그친 점포 수가 2012년 이후 평균 7.1% 증가했기 때문이다.

일본 1위 편의점 업체인 세븐일레븐 성장 전략 및 현황

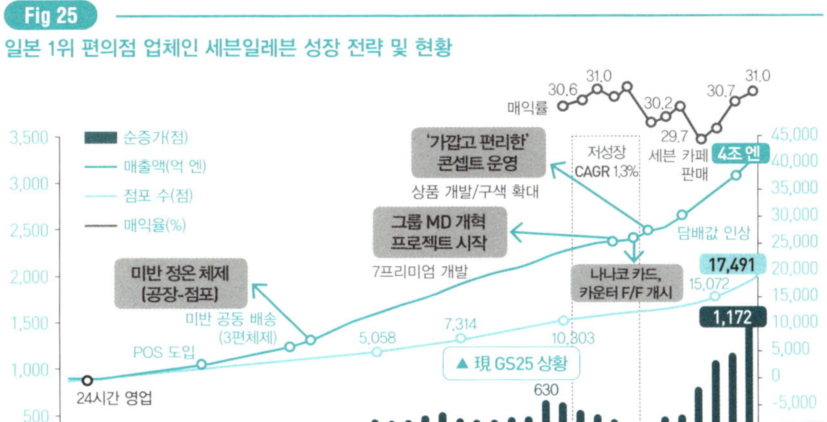

자료: GS리테일

2010년 이후 일본 편의점 개수 및 매출액 증감 추이

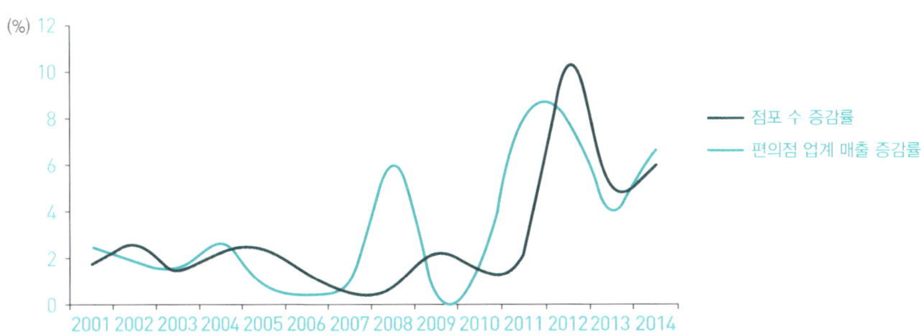

자료: 일본경제산업성, 일본프랜차이즈협회

 **국내 편의점 시장을 이해하기 위해 일본 세븐일레븐의 성장 스토리를 적용해봅시다.**

국내 편의점 시장을 이해하기 위해서는 일본 세븐일레븐의 성장사를 먼저 공부할 필요가 있습니다. 일본 세븐일레븐 스즈키 회장은 원래 월급쟁이 직장인이었습니다. 신규 사업 아이템을 발굴하라는 회사의 지시로 미국에 갔는데, 아침 7시부터 밤 11시까지 영업하고 일요일에도 영업하는 미국 세븐일레븐 체인의 영업 콘셉트가 일본에는 하나도 없다는 것을 확인하고 도입을 주장하지만 소형 점포라는 이유로 외면을 받습니다. 간신히 사내 벤처를 꾸려 시작한 것이 지금의 세븐일레븐으로 성장한 것입니다. 스즈키 회장은 현장을 중시하고 변화에 매우 민감한 사람으로 알려져 있습니다. 더 자세한 성장 스토리는 온라인을 통해 확인해보시기 바랍니다.

관련 자료 찾아보기 ⑭
검색 키워드, '세븐일레븐 전략' 

'세븐일레븐 전략'을 키워드로 해서 관련 자료들을 많이 읽어보시기 바랍니다. 비록 경쟁사이기는 하지만 GS리테일에 시사하는 부분이 많을 것입니다. 저성장 시기에 어떤 대응 전략을 펼쳤는지 잘 살펴보시기 바랍니다. 편의점뿐만 아니라 여타 산업에서의 사례도 얼마든지 참고될 수 있으므로 되도록이면 다양한 사례를 찾아보시기 바랍니다.

일본 편의점 시장의 특성

일본 편의점 시장의 가장 큰 특징은 타 국가의 편의점과는 달리 도시락, FF상품 등에 대한 매출 비중이 높다는 것이다. 2014년을 기준으로 일본 편의점 업체들의 FF상품 비중은 37%에 육박한다. 2009년 기준 33.8%에 불과했던 비중이 불과 5년 만에 3%p 이상 증가한 것이다. 일반 공산품 비중이 기존 30%에 육박하던 수준에서 27%를 하회하는 수준까지 하락하며 나타난 변화로 PB상품, 독점 공급 상품이 증가하면서 나타난 결과이다.

기타 서비스 매출 또한 증가하고 있다는 점은 눈여겨봐야 할 부분이다. 2009년 4.2%에 불과했던 서비스 관련 매출은 2014년 기준 5.2%로 0.3%p 증가했다. 물론 아직까지 매출 비중이 5% 수준에 그치고 있어 미미한 편이나 기타 유통업태에 대비했을 때 가장 큰 소비자 접점의 가능성을 내재한다. 이 점을 감안할 때 서비스 분야 매출에 대한 긍정

Fig 27

일본 편의점의 FF상품 증가 추세 – FF상품 매출 비중은 꾸준히 증가

(% of sales)	2009	2010	2011	2012	2013	2014
매출액	100.0	100.0	100.0	100.0	100.0	100.0
Sales of Goods	95.8	95.7	95.8	95.4	95.1	94.8
Fast foods & Dailly foods	33.8	33.8	33.1	34.1	35.3	36.9
Processed Foods	29.8	29.8	27.9	27.3	26.9	26.7
Non-Foods	32.2	32.0	34.7	34.0	32.9	31.3
Sales of Services	4.2	4.3	4.2	4.6	4.9	5.2

자료: 일본경제산업성

일본 편의점의 FF상품 및 기타 서비스 제품군의 성장률 – 금액 기준 성장률에서도 돋보이는 상황

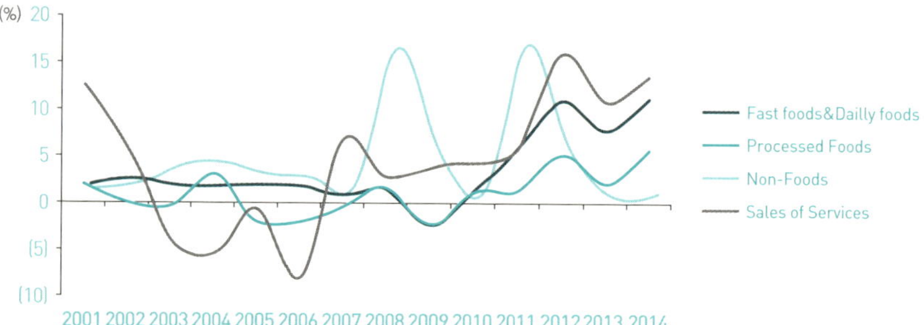

자료: 일본경제산업성

적 전망이 가능하다.

매출 기준으로도 FF상품군의 성장률은 두드러진다. 2000년대 초반까지만 하더라도 FF상품의 매출성장률은 평균 1.6%(2000년~2010년 연평균 성장률)에 그쳤다. 하지만 2011년 5%대 성장을 나타낸 FF상품 매출은 2012년과 2014년에는 각각 11% 이상의 고성장세를 나타냈다. 일반 공산품 품목의 매출이 같은 기간 3.9% 성장에 그친 점을 감안할 때 상대적으로 높은 성장률이다. 기타 서비스 품목 역시 높은 성장세를 나타내고 있다. 2012년 이후 기타 서비스군의 매출은 평균 13.7% 성장했다.

 **GS리테일이 대형 백화점이나 대형마트 고객을 가져올 수 있는 대응 전략이 무엇인지 생각해봅시다.**

　일본 편의점은 먹고 마시는 식품의 판매 비중이 클 뿐만 아니라 뚜렷한 성장세를 보이고 있습니다. 이런 현상은 국내 편의점 업계에도 그대로 적용되고 있는 모습입니다. 특히 FF상품의 판매가 뚜렷하다는 것은 기존 대형마트나 백화점 업계에도 적잖은 부담으로 작용하고 있다고 봐야 할 것입니다. 그렇다면 GS리테일이 대형 백화점이나 대형마트에서 FF상품을 구매하는 고객을 더 많이 빼앗아 올 수 있는 전략이 무엇인지에 대해서도 생각해보시기 바랍니다. 이런 생각이 많을수록 면접장에서의 경쟁력도 함께 높아지기 때문입니다.

관련 자료 찾아보기 ⑮
검색 키워드, '편의점 FF상품 전략' 

　'편의점 FF상품 전략'을 키워드로 관련 분석들을 정리해보시기 바랍니다. 또한 삼각김밥, 도시락, 샌드위치 등과 같은 FF상품은 기상 상태나 거기에 맞춘 디스플레이 전략에 따라서 매출 영향을 많이 받습니다. 이에 대해 어떤 전략이 바람직할지에 대해서도 생각해보시기 바랍니다.

03

진화하는
편의점

편의점 채널의 변화와 흐름

가장 두드러지는 편의점 채널의 변화는 매장 영업 면적의 확대이다. 국내 편의점 업체들의 평균 영업 면적은 72.6㎡(22평형) 수준이다. 그러나 최근 영업 면적이 확대되는 추세이고 동시에 카페, 베이커리 전문점 등 다양한 형태로 진화하고 있다.

베이커리 매장의 경우 아직까지 보급률이 높지는 않다. 생지(반죽) 굽기 과정과 베이커리가 가능한 집기가 필요하기 때문이다. 그렇다고 해서 10평 이상의 넓은 공간이 필요하지는 않다. 실제 집기 비품을 위한 공간은 3.3㎡(약 1평)에 불과하기 때문이다. 이미 국내 상위 편의점 업체들이 이처럼 다양한 포맷으로의 진화를 시도 중이고, 일본 시장의 경우 실제 다양한 포맷을 도입해 성장을 이어갔다.

자료: BGF리테일

멘토의 *Tip* ⑰　　하이브리드 점포의 성공 요인 생각하기

GS리테일이 하이브리드 점포로 성공하려면 어떤 요소가 필요한지 생각해봅시다.

편의점이 카페나 베이커리를 겸하는 하이브리드 점포로 진화해가고 있습니다. 이런 흐름이 GS리테일에 기회일 수도 있지만 어떻게 보면 리스크 요인이 될 수도 있습니다. 일차적으로는 매출 다각화의 여지로 보이지만 만일 카페나 베이커리 강자가 오히려 편의점 비즈니스를 흡수하는 전략을 구사한다면 직접 경쟁이 불가피할 수도 있기 때문입니다. 편의점에 새로운 상품과 서비스가 결합되는 것은 GS리테일에 성장 기회이지만 이런 기회를 확실한 성공으로 만들기 위해서는 어떤 노력이 필요할지 다각도로 생각해보시기 바랍니다.

관련 자료 찾아보기 ⑯
검색 키워드, '편의점 진화'

'편의점 진화'를 키워드로 해서 어떤 개념으로 어떤 가치를 제공하는 공간으로 변신하고 있는지를 정리하고 이에 대한 GS리테일의 대응 전략 등도 모색해보시기 바랍니다. 작은 카테고리로 접근해보면 여성들이 많이 찾는 곳은 탈의실, 외국인 관광객이 많은 곳은 물품보관소, 직장인이 많은 곳은 고급형 도시락, 청소년들이 많은 곳은 분식류, 오피스 밀집 지역은 스크린과 빔프로젝터를 갖춘 미팅룸 등과 같이 맞춤형 매장 전략을 얼마든지 구사할 수 있습니다. 고객층과 지리적 여건 등에 따라 편의점이 무한 변신을 할 수 있다는 관점에서 아이디어를 생각해보시기 바랍니다.

고객을 먼저 생각하는 서비스

편의점 시장의 핵심 장점을 꼽으라면 '고객과의 접점'이라고 말할 수 있다. 국내 오프라인 유통업체 가운데 전국 2만여 개 이상의 고객 접점을 보유한 유통 포맷은 아직까지 없다. 물론 인터넷, 모바일 등 온라인 채널을 이용할 경우 전 국민을 대상으로 하는 고객 접점 창구 및 서비스 제공이 가능하나 오프라인에서는 실제 매장 보유가 필수적이다. 또한 온라인에서 진행될 수 없는 다양한 일상 업무 처리의 경우 고객 접점이 중요하다.

편의점 업체들은 보유한 장점을 극대화하기 위해 다양한 기타 서비

GS25의 생활 서비스 – 택배, 공공요금 수납, 상품권 및 티켓 판매 등 다양한 일상 업무를 처리

자료: GS리테일

스 제공을 시도하고 있다. 가장 많이 이용하는 서비스로는 택배 서비스와 공공요금 수납, 그리고 상품권 판매 등이 있다. 1인 가구가 증가함에 따라 택배 서비스를 자가에서 받기 힘든 경우가 많아져 거주지 접근성이 높은 편의점이 기존 경비실에서 하던 업무를 대신해주고 있는 것이다.

 **소비자의 일상과 밀접한 편의점이 '서비스 매출'을 올리기 위해 어떤 전략이 필요한지 생각해봅시다.**

전국에 3만 개 가까이 분포하는 편의점은 소비자의 일상과 가장 가까운 곳에 위치하는 물리적 공간입니다. 그만큼 서비스 제공의 여지가 많다는 의미입니다. 하지만 서비스 매출 비중은 아직 미미한 상황입니다. 만일 편의점이 택배나 공공요금 수납 등의 기능을 제공하는 것 외에도 고객에게 더 편리하고 유용한 서비스를 제공할 수 있는 전략은 없는지 아이디어를 생각해보시기 바랍니다.

관련 자료 찾아보기 ⑰
검색 키워드, '편의점 서비스'

'편의점 서비스'를 키워드로 해서 일본이나 홍콩 혹은 어타 국가에서 도입되었거나 추진 중인 프로그램을 찾아보시기 바랍니다. 의외로 다양한 서비스 프로그램이 도입되고 있다는 점을 발견할 것입니다. 유튜브 동영상 '스마트하게 변신한 일본 편의점'을 보면 세븐일레븐에는 멀티 복사기가 설치되어 있습니다. 복사는 물론 영화 예매, 공연관람권 구매, 보험 가입, 항공권 구입 등의 서비스를 제공합니다. 또한 스마트폰으로 증명사진을 찍고 곧장 사진을 출력할 수 있는 서비스, 전자책 제공 서비스 등 편의점이 문화 포털로서의 기능도 겸비하고 있다는 느낌이 듭니다. GS리테일도 당연히 이런 영역에 관심이 높을 것이므로 자세히 체크해보시기 바랍니다.

03

경영 이슈:
즐거운 쇼핑문화를 위한
개발과 도전

해외보다는 국내경기에 민감한 유통산업은 저성장 시대에 더 어려워질 수 있습니다. 유통업체들은 어떤 전략으로 이러한 불황을 견디고 있는지 살펴보겠습니다. 그리고 불황을 넘어 즐거운 쇼핑문화를 추구하는 GS리테일의 남다른 전략을 만나보겠습니다.

01

저성장 시대에
대처하는 자세

GS리테일은 신선식품 및 자체 상품 개발 등을 위해 별도의 법인(㈜후레쉬서브(Fresh Serve))을 운영 중에 있다. 대기업 계열사 밀어주기 방지를 위한 정부의 규제가 강화되면서 R&D 투자 및 추가 연구개발 등이 다소 정체되어 있으나 자체 식품개발연구소 등을 통해 신규 제품에 대한 투자는 계속되고 있다. 김혜자도시락, 망고스틱 등 히트 상품을 계속해서 출시하고 있는 GS리테일은 향후에도 차별화된 상품으로 성장을 이어갈 것으로 보인다.

서두에서 유통산업을 이해하기 위한 3가지 포인트로 채널, 상품, 물류에 대한 이해를 언급했다. 3가지 포인트 가운데 상품과 물류의 경우 저성장 시대에 직면한 유통업체들이 차별화된 경쟁력을 확보해야 할 필수 항목이다. 상품은 모객을 위한 차별화로 경쟁력을, 물류는 구매 물품에 대한 사후 서비스 차별화로 경쟁력을 키울 수 있어야 한다.

옴니채널, O2O 등 유통 서비스의 혁신

물류는 두 가지 사항에 있어 차별화 포인트를 가질 수 있다. 첫째, 온라인, 모바일 쇼핑과 같은 O2O^{Online to Offline} 마케팅과 서비스 측면에서의 차별화 포인트이다. 최근 유통업계에서는 옴니채널, O2O 서비스와 같이 기존 유통 방식에서 벗어난 차별화된 유통 서비스를 제공하고자 노력 중이다. 그 가운데 스마트폰 보급률 상승과 시공간을 벗어난 온라인, 모바일 쇼핑은 계속해서 성장 중이다. O2O 마케팅에서 가격에 대한 경쟁력은 당연히 있어야 하는 항목이고 가격 이외의 서비스, 즉 물류 경쟁력 확보를 통한 배송 서비스에서 경쟁력이 필요하다.

온라인, 모바일 쇼핑 시 상품에 대한 경쟁력이 필요 없다는 뜻은 아니지만 좋은 상품이라 할지라도 가격에 대한 경쟁력이 없다면 소비자들의 선호도는 떨어진다. 또한 아무리 저렴한 제품이라 할지라도 배송 서비스가 제공되지 않거나 지연된다면 소비자들은 타 업체로부터의 구매를 선호한다.

실제 최근 소셜커머스 업체 쿠팡^{Coupang}은 일본 소프트뱅크로부터 1조 1,000억 원을 투자받았다. 쿠팡 측은 해당 투자액을 향후 물류 등 배송 서비스를 확충하는 데 쓰겠다고 밝혔다. 쿠팡은 소비자가 9,800원 이상 구매할 때는 '로켓 배송'이라는 자체 서비스 시스템을 가동해, 이미 물류에 대한 경쟁력을 강화하고 있다. 기존 유통업체 중 하나인 CJ오쇼핑 역시 최근 당일배송 서비스를 시작한다고 밝혔다. 오전 10시 이전 구매 고객에 대해 전국 어디서나 당일배송 서비스를 시작하겠다고 한 것이다.

물류에 대한 두 번째 차별화 포인트는 '신선도'이다. 최근 전통 유통 업체들은 기존 판매하던 공산품 이외에 신선식품 등 배송이 어려운 상품에 대한 판매 강화를 위해 노력 중이다. 그러나 신선식품의 경우 배송 과정에서 상품의 질이 떨어지는 등 여러 어려움이 존재해 냉장 물류 서비스 등에 대한 경쟁력 확보가 필수적이다.

차별화된 상품으로 경쟁력 강화

상품 경쟁력은 물류 경쟁력 못지않게 중요하다. 특히 기존 유통업 체들에게 물류 서비스는 기본적인 사항이지 추가적인 차별점이 아니 다. 이미 고객들은 배송 서비스는 당연한 것으로 치부하고 있기 때문 이다. 그러나 특정 유통채널에서만 구매가 가능한 상품, 혹은 특정 업 체로부터만 구매할 수 있는 상품에 대한 경쟁은 아직 시작 단계이다. 편의점 업체들의 경우 미투상품 등 기존 브랜드 업체들이 이미 시장 에서 검증을 완료한 상품에 대한 복제품을 많이 팔고 있다. 소비자들 에게 있어 이러한 미투상품은 가격에 대한 차별화 포인트일 뿐 편의 점만의 경쟁력은 아니다.

그래도 최근 들어 CU의 자몽 주스, GS25의 망고스틱 등 차별화된 상 품 구성이 확대되고 있다. 아직까지는 시작 단계에 불과하나 향후 이 러한 차별화 상품이 많아지면 많아질수록 소비자들의 편의점 이용 빈도는 높아질 것으로 보인다. 국내 어느 유통업체도 편의점 업체들만큼 소비자에 대한 접점을 많이 가지고 있지 않다. 저성장, 시장 포화 상황의 국내 유통시장에서 점유율을 높여나가려면 기존 편의점 업체 간 경쟁만이 아닌 타 업태와 경쟁을 해야 한다. 이미 소비자 접점에 대한 경쟁력은 확보된 상황이다. 향후 상품에 대한 추가 경쟁력 확보는 계속해서 지켜봐야 할 것이다.

멘토의 Tip ⑲   **다양한 소비자 니즈를 만드는 방안 찾기**

저성장 시대에 다양한 소비자 니즈를 만들어내기 위한 방안을 찾아봅시다.

시장이 포화상태로 갈수록 상품과 물류의 중요성은 보다 강조됩니다. 신선식품의 개발과 배송 문제만 하더라도 산업의 큰 주제로 이미 떠올라 있습니다. 저성장 시대에서는 소비자의 얇은 지갑을 고려해 저렴하지만 식당 수준의 맛, 1인 식사 패턴, 다양한 먹거리, 언제라도 안전하게 먹을 수 있는 위생상태 등 다양한 소비자 니즈를 만들어야 합니다. 이런 환경에 능동적으로 대응할 수 있는 방법에 대해 면밀히 살펴보시기 바랍니다.

'편의점 트렌드'를 키워드로 검색하면 상품 판매와 관련한 다양한 스토리들을 확인할 수 있습니다. 예컨대, 소셜 미디어를 통한 PB상품 판매가 트렌드라면 GS리테일로서는 당연히 소셜 미디어와 같은 채널 관리에 관심을 크게 기울일 것입니다. 지원자 자신의 장점이나 활동 경험이 이런 소셜 미디어와 관련성이 높다면 그만큼 활용 여지도 많을 것입니다.

02

경영의 어려움과
당면 과제

편의점 물건 가격, 내려야 할까?

소비자들에게 편의점에 대한 불만을 물어본다면 가장 먼저 나올 만한 대답은 '가격'일 것이다. 상대적으로 편의점에서 파는 상품 가격은 기존 대형마트나 슈퍼마켓에 비해 높게 책정되어 있다. 그러나 가격에 민감하게 반응하는 고객이라면 접근성이 높은 편의점을 방문하기보다 일주일에 한 번 대형마트나 주말을 이용해 주거 지역에 위치한 대형 슈퍼마켓을 방문할 것이다. 따라서 실제 편의점을 이용하는 소비자들의 불만은 크지 않다. 가격보다 매장을 방문했을 당시의 편의성에 대한 만족도가 높기 때문이다.

 **편의점의 가격정책에 장기적으로 어떤 전략이 필요한지 생각해 봅시다.**

편의점 물품 가격에 대한 소비자의 불만이 필요 요인으로 상쇄되는 측면이 있지만, 각 편의점 업계에서는 아이스크림 같은 경우 권장소비자 가격보다 20~40% 할인된 가격으로 판매하기도 합니다. 편의점 가격정책을 전략적으로 어떻게 가져가야 할 것인지에 대한 고민도 필요한 것 같습니다.

> **관련 자료 찾아보기 ⑲**
> **검색 키워드, '편의점 제휴'** 

편의점의 경우 제휴 카드 등을 통해 10~20% 할인 프로그램을 시행하고 있습니다. '편의점 제휴'를 키워드로 삭 세휴한 회사들마다 어떤 프로그램이 있는지 그리고 추가적으로 제휴의 여지가 있는지 없는지 등의 관점에서 정리해보시기 바랍니다.

편의점 규제의 변화와 영향

현재 편의점과 슈퍼마켓 업체에 적용되고 있는 법은 유통법 이외에도 공정거래위원회에서 제시한 프랜차이즈 모범 거래 기준 등이 있다. 편의점의 경우 2014년 2월부터 심야 영업이 필수 조건이 아닌 선택 항목으로 바뀌었다. 기존에 '편의점=24시간 영업'이라는 인식에서는 다소 반대되는 사항이나 규정 설립과 함께 기존 점포가 6개월간 심야 영업 시간대(오전 1시~오전 6시) 영업 중 영업 손실이 발생한 경우 심야 영업에 대해 점주가 선택할 수 있도록 법률상으로 명시되었다.

예상 매출액에 대해서 신규 점주에 대한 보호를 위해 계약 체결 시 예상 매출액의 범위와 산출 근거를 모범 거래 기준에서 명시하였는데 기존에도 진행되고 있던 사항으로 기존 제도와 큰 변화는 없었다. 2014년 8월부터는 영업 지역에 대해 계약서상 표기하도록 하며 기존 상권 내 점포에 대한 보호를 제도화하였다. 슈퍼마켓의 경우 2010년부터 반영된 출점 제한과 2012년 12월부터 시작된 자율 휴업, 그리고 2013

	편의점		슈퍼마켓	
현행	·심야 영업 강요 금지(2014.2) - 6개월간 심야 영업 시간대(오전 1시~오전 6시) 영업 손실 발생한 경우 ※ 규제前 점별 상황에 맞게 탄력적 운영		출점 제한 (2010.11)	·전통시장 1km 이내 출점 금지
	·예상 매출액 범위 서면 제공 의무화(2014.2) - 계약 체결 시 예상 매출액의 범위 및 산출 근거 제공 ※ 규제前 이미 실행 중		의무 휴업 (2013.3)	·월 2회 주말 휴일 의무 휴업 - 지자체 조례로 대상 지정
	·영업 지역 설정 의무화(2014.8) - 가맹계약서에 상호 합의된 영업 지역 설정 의무화 - 단, 상권, 구매력, 제품수요 등의 변화 시 영업 지역 재조정 가능		자율 휴업 (2012.12)	·월 2회 평일 자율 휴업 - 의무 휴업 미포함 점포 대상
규제 완화	·250m 동선 거리 제한(2012.12 시행): 2014 3Q 폐지 - 동일 브랜드 신규 출점 시 250m 동선 거리 제한 - 공정거래위원회 자율 규제 - 가맹사업법 개정안 입법 후 폐지		영업 시간 제한 (2013.4)	·0시~오전 10시 영업 제한 - 지자체 조례로 대상 지정

자료: GS리테일, 국회 및 관련 법령

년부터는 월 2회 주말과 휴일에 의무 휴업이 강제화되고 있다. 의무 휴업의 경우 지자체 조례에 따라 지방자치단체가 조율할 수 있도록 되어 있으나, 일부 지역을 제외한 모든 지역에서는 주말 휴업이 의무화되어 있는 상황이다.

물론 완화된 규제들도 있다. 2012년 12월부터 적용되었던 250m 이내 신규 점포 출점 제한 규제는 폐지되었다. 이미 담배 소매 라이선스에 대한 거리 규제도 있던 상황에서 편의점 업체들은 이미 내부 규정상 신규 출점에 대한 거리 적용 제도가 있었기 때문이다. 슈퍼마켓 영업 시간 규제의 경우 기존에는 강제적으로 오전 0시~오전 10시까지를 휴무 시간으로 시정했지만, 2013년 4월부터는 지자체 조례를 통해 대상을 지정할 수 있도록 변경되어 일정 부분 규제가 완화되었다.

언급된 각종 규제의 경우 논란의 여지는 충분하다. 일본의 경우에도 1990년대 초 국내에서 현재 도입하고 있는 유통업체들에 대한 각종 규

Fig 32

1998년 대점법 폐지가 일본 유통산업 주가에 미친 영향

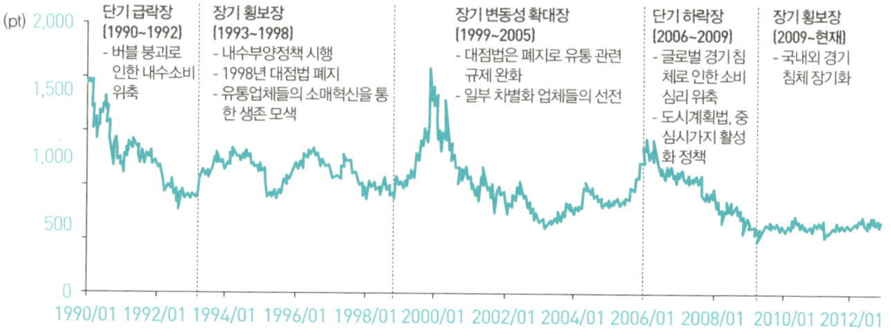

자료: 블룸버그

제가 시행되었다. 현재 진행되고 있는 대형마트 및 SSM의 주말 강제 휴무와 영업 시간 규제 등이 해당 규제이다. 하지만 잃어버린 20년과 같은 내수 소비 부진과 더불어 각종 규제는 일본 유통업체들의 쇠락을 야기했고, 실제 1990년대 후반 대점법 폐지 직후 내수 유통업체들의 주가 역시 큰 폭으로 상승했었다. 규제 철폐와 덩달아 내수 소비가 살아나며 실적 개선이 진행되었기 때문이다. 물론 2000년대 초반 일본시장 내 부동산 거품 붕괴 등으로 유통업체들의 주가는 큰 폭으로 하락했으나 이는 규제 철폐 이후 나타난 현상이다. 언론에서도 수차례 다뤄졌지만 현재 진행되고 있는 각종 규제에 대한 실효성 여부는 불확실하다. 특히 대형마트 및 SSM에 대한 강제 휴무가 전통시장 활성화로 연결된다는 증거가 없어 향후 계속적인 규제 영향 분석이 필요하다.

편의점 및 슈퍼마켓 규제 법령 이름과 내용을 파악해둡시다.

Fig 31에 정리되어 있는 편의점 및 슈퍼마켓에 대한 규제 법령의 이름과 내용 등은 정확하게 알아두시기 바랍니다. 실제로 토론면접에 자주 등장하는 주제가 편의점 영업 규제와 관련된 것들이 많기 때문입니다. 토론면접의 포인트는 다양한 사실, 즉 국내뿐만 아니라 외국의 경우도 사례로 들어가면서 설명할 수 있도록 하는 것입니다. 논리적으로 말하려면 우선 정보나 통계에 대해 강점을 갖추려는 자세가 필요합니다.

편의점 사업이 나아가야 할 방향

편의점 업계가 당면한 경영 과제는 계속되는 출점 경쟁에 따른 효율성 하락과 인구당 매장 포화에 따른 신규 출점의 지속가능성, 그리고 최근 들어 심화되고 있는 정부 측의 유통업계 전반에 대한 규제 강화이다. 규제와 관련된 사항은 진행 방향성을 가늠하기 힘들다. 2016년 총선이 얼마 남지 않은 상황에서 표를 얻기 위한 각종 규제 및 공약들이 나올 수 있기 때문이다.

출점 경쟁에 따른 효율성 하락과 향후 매장 출점에 대한 지속가능성은 일본 사례를 바탕으로 할 때 추가 성장 여력이 남아 있다고 판단된다. 일본 편의점의 경우 기존 국내에서 볼 수 있었던 1층 혹은 지하 공간 매장에서 벗어나 고층 빌딩 중간 층에 매장을 오픈하는 등 다양한 시도가 진행되고 있다.

또 경영주 1명당 여러 매장을 운영해 흔히 가지고 있는 편의점 운영은 은퇴 후 '부업'이라는 고정관념을 깨고 있다. 특히 매장을 여러 개 운영하고 있는 점주의 경우 거의 '기업형' 운영 체계로까지 변화하고 있고, 국내에서도 '1인 다매장 운영'이 점차적으로 확산되어 가고 있는 추세이다.

물론 아직까지 갈 길은 멀다. 일본 편의점 매장의 경우 다양한 제품이 판매되고 있고 해당 품목들의 품질 역시 기존 편의점의 PB상품이라고 말하기에는 상당히 높은 수준까지 올라와 있다. GS리테일 역시 최근 들어 오리온 등 국내 굴지의 음식료 업체들과 생산 라인을 공유하는 등 다양한 방법으로 품질을 개선하려는 노력 중이다. 아직까지 도시락 등의 품질이 기존 식당에서 먹는 음식에 비해 낮지만 향후 꾸준한 노력이 계속된다면 품질 개선은 가능할 것으로 전망된다.

 **자신이 편의점 점주라 가정하고 가게 운영 방식과 수익 구조를 예상해봅시다.**

일본처럼 고층 빌딩 중간층에 편의점을 오픈하고, 다매장 운영의 기업형 점주가 늘어난다면 GS리테일은 이런 수요를 어떻게 흡수하고 대응해야 할지 고민해보시기 바랍니다. 그리고 자신이 편의점 점주라면 가게를 어떻게 운영하고 얼마를 팔아야 수익이 나고 유지되는지 생각해보시기 바랍니다. 예컨대, 하루 매출 100만 원이면 한 달 매출 3,000만 원인데, 이 매출로 편의점은 어떤 수익 구조를 가질 수 있는지를 분석해보는 식입니다. 같은 매출 3,000만 원이더라도 판매된 상품 구성에 따라 수익은 다양하게 나타날 것입니다. 점주는 어떤 노력이 필요하고, 본사는 어떤 전략으로 상생할 수 있는지에 대한 고민 속에서 GS리테일의 성장 전략도 모색할 수 있을 것입니다.

관련 자료 찾아보기 21
검색 키워드, '편의점 수익 분석' 

'편의점 수익 분석'을 키워드로 관련 자료를 찾아보시기 바랍니다. 물론 언론 뉴스는 주로 점주의 입장에서 접근하는 기사가 많습니다. 그렇지만 이런 내용들을 통해서 공생 관계에 있는 본사로서는 편의점 수익의 개선 및 확대 전략을 어떻게 가져가야 할지 고민해봐야 합니다.

GS 리테일

경영 요소:
고객과 함께
새로운 삶의 가치 창조

편의점 업계 최초로 HACCP 인증, 세계 최초의 전국망 소매업 미디어 소유, 슈퍼마켓 최초 공동구매 진행, 다양한 차별화 상품 개발 등이 GS리테일의 운영 방침에 따른 결과입니다. 고객과 함께 새로운 삶의 가치를 창조하는 GS리테일의 경영 비법에 대해 자세히 알아봅시다. 한 걸음 더 나아가 GS리테일의 손익 구조를 살펴 유통업계 속 GS리테일의 위치를 가늠해봅시다.

국내 탑 브랜드의
운영 방침

편의점과 마트 사업부의 직무 구조

GS리테일 입사 시 지원자는 편의점, 마트 사업부(왓슨스의 경우 별도 법인)로 나뉘어진다. 편의점 사업부로 발령 시 1년간의 편의점 점장 역할을 수행하게 된다. 신입 사원으로서 편의점 업무에 대한 이해를 높이기 위한 정책 중 하나이다. 실제 직영 매장 점장으로 근무하게 되며 같은 시기에 입사한 인원이 모두 파견 점장으로 근무하게 된다. 이후 영업, MD, 개발, 지원팀 등으로 발령, 업무가 세분화된다. 1년간의 OJT(On the Job Traning) 기간 동안 신입 직원은 실제 매장의 점장으로서 아르바이트 채용부터 재고 주문 및 관리 등 편의점 운영에 필요한 모든 업무를 습득하는 것이다.

MD^{Merchandiser}로 발령 시 식품, 비식품, 신선식품 등으로 업무가 나뉘

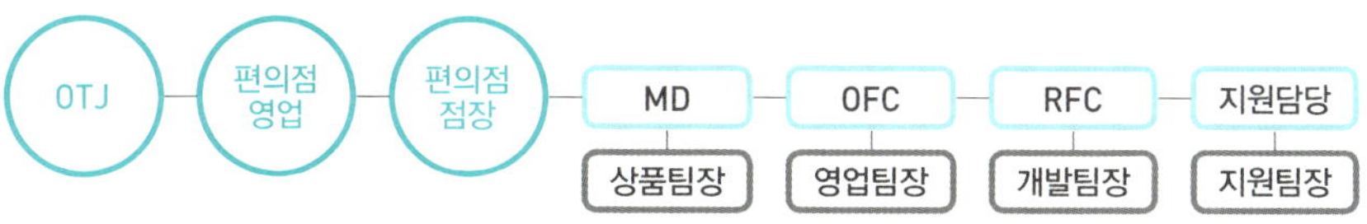

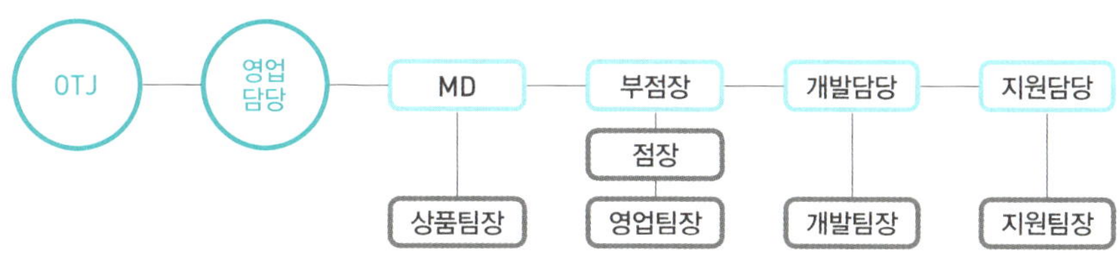

어지며 실제 GS25에서 판매되는 제품에 대한 구매 담당 업무를 진행한다. OFC(Operation Field Counselor), RFC(Recruiting Field Counselor)로 세분화되는 영업 담당은 1명당 12~15개의 매장을 관리하며 권역별로 담당 매장을 관리한다. 실제 매장 오픈부터 점주 관리 등 다양한 업무를 진행한다. 이외에도 본사 지원 직군으로 발령을 받는데 지원 직군의 경우 기타 유통 및 제조업과 유사한 업무를 수행한다.

슈퍼마켓의 경우 OJT 후 영업담당, MD, 부점장, 점장, 개발, 지원 등으로 업무가 세분화된다. 편의점과 유사한 직무를 수행하나 MD 직군은 편의점 MD와 조금 다르게 신규 점포의 매대 구성Lay-out 등까지 관여한다.

왓슨스의 경우 영업직군과 개발, MD, 지원직군으로 나뉜다. 영업직군의 경우 스태프, 슈퍼바이저, 매니저로 직급이 분류되고 개발, MD, 지원직군의 경우 일반 업체와 똑같이 사원, 대리, 과장, 차장 등으로 직급이 나뉜다.

멘토의 *Tip* ㉓ 편의점 점장으로서 운영 방안 고민하기

자신이 편의점 점장이 되었다고 가정하고, 점포 운영 방안을 생각해봅시다.

입사 후 편의점 점장 근무를 1년간 의무적으로 한다는 것은 그만큼 현장을 알아야 본사 지원 업무를 수행해낼 수 있다는 의미입니다. 점장으로 그냥 앉아만 있는 것이 아니라 점주의 시각에서 본사가 강화하거나 보완해야 할 부분을 체크하고 의견을 개진하라는 것입니다. 면접에서 "만일 편의점 점장이라면 당장 어떻게 점포를 운영할 것 같은가?"라는 식의 질문이 언제든 나올 수 있는 만큼 이에 대한 대답을 잘 준비하시기 바랍니다.

관련 자료 찾아보기 ㉒
검색 키워드, '매장 전략'

'매장 전략'을 키워드로 해서 자료들을 탐색해보시기 바랍니다. 구매욕 제고, 제품 디스플레이, 고객 동선 개선, 프로모션 전략 등의 관점에서 생각하면 됩니다. 정부가 운영하는 창업지원이나 인력개발 관련 사이트가 다양하게 있으므로 여기에서 관련 정보들을 체크해보면 유용합니다.

점주와 가맹점의 수익 배분 구조

편의점 매장은 직영 매장과 점주와의 계약을 통해 진행되는 가맹점(대리점)으로 운영된다. 일반적인 프랜차이즈의 경우에도 일부 유사한 형태로 수익 구조가 이뤄져 있으나 편의점의 경우 판매되는 제품에 대한 소싱을 규모의 경제를 통한 저가 구매를 위해 본사 차원에서 진행하고 있다.

편의점 업체와 GS리테일 본사 간 수익 배분 구조를 간단히 설명하면 본사는 매장에 공급하는 제품에 대한 상품 매출과 가맹점 수수료인 로열티 수입을 매출액으로 인식한다. 이 과정에서 상품 매출의 경우 점주 입장에서는 매출에 대한 원가로 반영되고 있다. 실제 상품 매출의 경우 대부분 본사가 매입하는 원가 수준에서 공급되고 있어 실

GS리테일 수익 구조

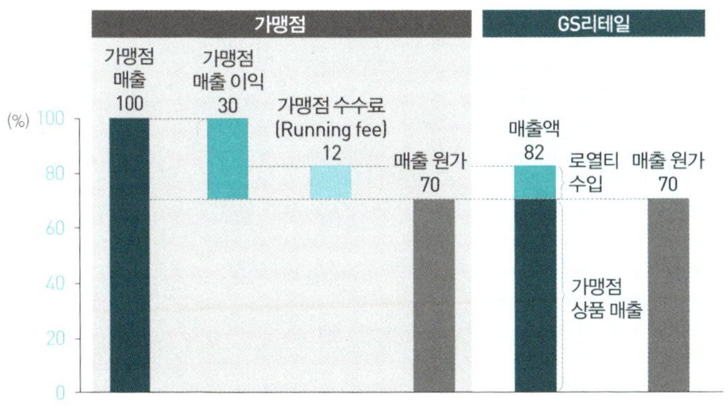

제 본사 차원에서의 상품 매출은 대부분 매출 원가로 반영된다.

이 경우 소비자 판매가와 편의점 본사 매출 사이에 괴리가 발생하는데 편의점의 경우 소비자 판매 기준 매출액이 아닌 앞서 설명된 상품 매출과 로열티 수수료 수입이 매출로 인식되고 있다. 대형마트나 백화점의 경우 회계상 매출로 수수료 매출을 인식하는 것과 동일한 형태이다. 대형마트나 백화점 업체들의 경우 회계상 인식은 되지 않으나 내부 비교를 위해서 소비자 판매가를 기준으로 한 총매출액 개념을 사용하고 있다.

GS리테일의 가맹점과 본사의 수익 배분 방식을 이해하도록 합시다.

가맹점과 본사가 수익을 배분하는 방식에 대해 명확하게 이해하시기 바랍니다. GS리테일은 제조사로부터 납품 받는 가격 그대로 일단 가맹점에 제공하고, 이후 그 제품이 팔릴 때마다 가맹점 수익 중에서 매출 이익의 30%와 그 매출 이익의 40%, 즉 가맹점 매출 이익의 12%를 GS리테일이 가져가는 구조입니다. 재무 파트 지원의 경우라면 대형마트나 백화점 업체들의 매출과 수익 인식과 어떤 차이점이 있는지에 대해서도 체크해 두시기 바랍니다.

편의점 운영의 4가지 형태

GS리테일의 매장 운영은 가맹점과 직영점으로 구분된다. 전체 매장의 대부분을 차지하는 가맹점의 경우 '수익추구형'과 'G-Type', 그리고 '공동투자형', '안정추구형' 4가지 유형으로 구분해 운영된다.

대리점 가맹 시 유형에 상관없이 공통적으로 투자되는 금액은 상품 및 소모품 준비금과 시설 집기에 대한 보증금, 그리고 가맹비가 있다. GS리테일이 제시하고 있는 초기 가맹 관련 투자비용은 약 2,200만 원으로 담보 설정 등에 따른 투자 제반 비용을 감안할 때 약 7,000~8,000만 원의 투자금액이 필요하다. 일반적인 계약 기간은 2~5년으로 진행되며 수익 배분 비율이 가장 낮은 안정추구형 매장의 계약 기간이 2년으로 가장 짧다.

4가지 가맹 형태 가운데 수익추구형과 G-Type은 경영주가 직접 점포를 임차하거나 자가 매장을 통해서 운영하게끔 되어 있다. 반면 공동투자형과 안정추구형은 가맹 점주가 아닌 GS리테일 본사 차원에서의 매장 임차로 운영된다. 특히 수익추구형의 경우 수익 분배 비율이 타 매장 형태보다 높게 설정되어 있는데 이는 시설 및 인테리어 비용과 판매 집기 장비에 대한 월 사용료를 점주가 부담하기 때문이다. 수익추구형의 수익 배분은 매출 총이익 기준 80%, 70%, 50% 세 가지 형태로 운영된다.

G-Type의 경우에도 수익추구형 매장과 유사하게 매장에 대한 임차 및 점포 소유는 경영주가 부담하게 된다. 단, 수익추구형과 G-Type 간

차이는 시설, 인테리어에 대한 본사 지원과 장비에 대한 월 사용료 유무이다. G-Type의 경우 수익추구형과 달리 시설, 인테리어 비용을 본사가 지원하고 장비 등에 대한 월 사용료 없이 본사가 무상으로 제공하고 있다. 물론 수익 배분 비율의 경우 65%로 고정되어 있어 수익추구

GS리테일 매장 타입별 개요

가맹 유형			수익추구형(H) High investment, High return	G-TYPE	공동투자형(R) Reasonable investment, reasonable return	안전추구형(A) Agent
투자 금액	가맹 투자금액	상품/소모품 준비금	1,200만 원/ 50만 원			
		시설 집기보증금	200만 원			
		가맹비	770만 원 (VAT 포함)			
		계	2,200만 원			
	전포임차/전대/예치보증금		경영주 임차/자가	경영주 임차/자가	본부 임차	본부 임차
	시설/인테리어		경영주 투자	본부 지원	본부 지원	본부 지원
	판매 집기 장비		장비 월 사용료			
	합계		점포 임차비용 + 시설/인테리어 + 개점투자비 2,220만 원	점포 임차비용 + 개점투자비 2,220만 원	전대보증금 + 개점투자비 2,220만 원	예치보증금 + 개점투자비 2,220만 원
가맹 계약 조건	수익 배분(매출 총이익 기준)		80% / 75% / 50%	65%	60%	45%
	계약 기간		5년	5년	4년	2년
	담보 설정		5,000만 원	5,000만 원	3,000만 원	2,000만 원
	각종 지원제도		미오출/배송 지연 보상금, FF상품 폐기 지원, 상품 판매, 발주장려금	전기료의 50% 지원(실사용량 기준), 영업 인센티브, 미오출/배송 지연 보상금, FF상품 폐기 지원, 상품판매, 발주장려금	전기료의 50% 지원(실사용량 기준), 미오출/배송 지연 보상금, FF상품 폐기 지원, 상품 판매, 발주장려금	전기료의 50% 지원(실사용량 기준), 미오출/배송 지연 보상금, FF상품 폐기 지원, 상품 판매, 발주장려금
	* 운영비 최소 보조 제도 운영 중					

주: 수익추구형은 경영주의 시설/인테리어 투자 및 장비 월 사용료 부담에 따라
수익 배분율 변동, 영업 시간에 따른 수익 배분율 및 지원금 상이
자료: GS리테일

형 가운데 수익 배분 비율 75%, 80% 매장 대비 수익에 대한 배분 비율은 낮게 책정되어 있다.

GS리테일의 매장 타입별 내용과 특징들을 파악해봅시다.
매장 타입별 각각의 내용과 특징 등에 대해 구체적으로 학습해두시기 바랍니다. 각각의 타입이 존재하는 것은 점주의 자금력이 다양하게 존재하고 가게가 들어갈 건물의 소유 유무 등에 따라 프로그램도 다양할 수밖에 없기 때문입니다. 당연한 논리지만 점주가 리스크를 많이 감당할수록 수익 조건은 점주에게 유리하게 적용된다는 점을 참고하시기 바랍니다.

관련 자료 찾아보기 23
검색 키워드, '편의점 수익 배분'

'편의점 수익 배분'을 키워드로 관련 자료들을 찾아보시기 바랍니다. GS리테일 외에도 경쟁사들의 수익 배분 구조도 살펴보시기 바랍니다. 인테리어 잔존비, 폐점비용, 위약금 수준 등 쟁점이 되는 다양한 요소들에 대해 회사들이 어떤 대응책을 내놓고 있는지 정리해보시기 바랍니다.

02

GS리테일의
기본 재무 지표

부문별 손익 구조

GS리테일의 연결 매출액은 편의점과 슈퍼마켓 부문, 그리고 후레쉬 서브 등의 국내외 자회사의 매출 합산으로 반영되고 있다. 대부분의 매출을 차지하는 편의점과 슈퍼마켓의 경우 2014년 기준 각각 70.6%, 26.8% 비중을 나타낸다.

하지만 Fig 37과 38에서 볼 수 있듯이 2013년 이후 규제 등의 영향으로 비용 증가가 이뤄지며 슈퍼마켓과 편의점 양대 부문에서의 영업이익률은 계속적인 하락 추세를 보여주고 있다. 특히 슈퍼마켓 부문의 경우 2013년과 2014년 각각 3%의 매출 감소세가 나타났고 영업이익 역시 각각 48.7%, 67.7% 감익이라는 부진한 실적을 기록했다. 과거 2% 초반대의 영업이익률을 나타내던 슈퍼마켓 부문 영업이익률은 2014

년 기준 0.4%에 그치고 있는 상황이다. 그나마 편의점 부문의 영업이익률이 3% 초반대 수익성을 나타내고 있다는 점은 긍정적이다.

수익성 하락에도 불구하고 주당배당금은 매년 조금씩이나마 상승하는 모습을 나타낸다. 상장 이후 주당배당금은 매년 50~100원씩 상승했다. 이에 배당성향(기업의 당기 수익 가운데 주주에게 돌아가는 배당금의 비율)

편의점 매출액·영업이익률 추이

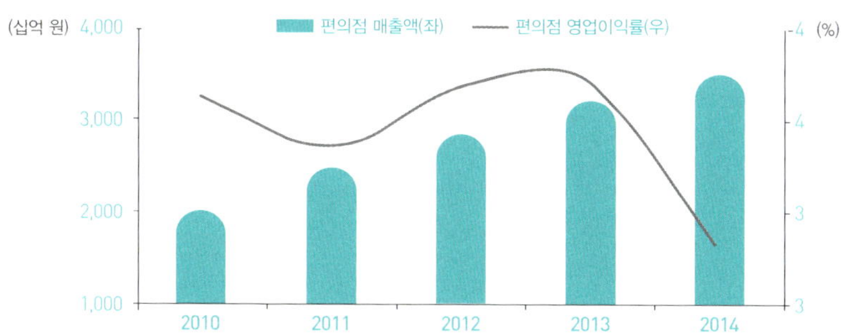

자료: GS리테일

슈퍼마켓 매출액·영업이익률 추이

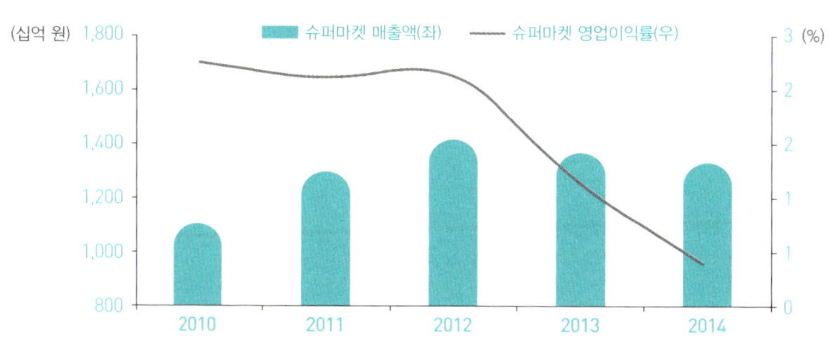

자료: GS리테일

은 기존 유통업체와는 달리 평균 30% 이상을 유지하고 있다. 특히 2013년 대비 순이익 감소를 나타냈던 2014년의 경우 주당배당금을 150원 상향 조정하며 주당 600원의 배당금을 지급했다. 배당성향으로는 41.5%에 육박하는 금액이다. 최근 정부 측의 기업 소득 환류 세제 정책 등에 따라 배당정책은 현재 수준을 유지하거나 상향 조정될 가능성이 존재한다. 2015년 1분기 기준 현금성 자산(순현금성 자산이 아닌 일반 현금 및 현금성 자산 계정 기준)은 약 1,306억 원을 보유하고 있어 배당에 대한 부담은 크지 않아 보인다.

유통업체의 특성상 CAPEX(Capital expenditures, 일반적으로 장비와 토지 자산에 대한 투자를 말함) 투자는 매장 관련 외에 크지 않다. 물론 신규 출점

Fig 39

국내외 편의점 업체들의 연초 대비 주가, 실적, 요약 밸류에이션

	세븐&아이홀딩스		LAWSON		PRESIDENT CHAIN STORE		CASEY'S GENERAL STORE		BGF리테일		GS리테일	
	14	15F	14	15F	14	15F	14	15F	14	15F	14	15F
YTD 수익률(%)	4.3	15.1	(7.4)	10.8	20.4	(13.1)	26.6	4.5	89.0	96.1	(9.4)	83.4
매출 (십억 각국 통화)	4,679	6,036	168	490	208	210	8	8	3,368	4,080	4,962	5,728
영업이익 (십억 각국 통화)	339.7	347.2	68.1	73.0	10.6	10.9	0.2	0.3	124.1	181.3	143.3	193.9
매출증감률(%)	12.8	29.0	(12.8)	191.6	3.7	1.0	8.1	(1.1)	7.6	21.1	5.4	15.4
영업이익 증감률 (%)	14.9	2.2	2.8	7.2	3.9	2.7	16.9	28.2	18.2	46.1	(7.6)	35.3
OPM(%)	7.3	5.8	40.5	14.9	5.1	5.2	3.1	4.1	3.7	4.4	2.9	3.4
PER(배)	19.2	25.0	18.6	22.3	28.0	24.9	19.4	21.0	18.1	24.5	17.8	21.0
PBR(배)	1.6	2.1	2.9	3.1	9.6	7.8	3.7	4.2	3.4	5.3	1.2	1.9
ROE(%)	8.8	8.4	16.1	14.0	36.2	31.1	20.3	21.6	27.0	23.6	6.8	9.0
EV/EBITDA(배)	7.0	8.7	6.1	7.8	14.6	12.6	9.0	9.4	6.7	11.0	6.5	8.8

자료: 블룸버그 컨센서스

등의 경우 CAPEX 투자가 대규모로 반영되게 되나 편의점의 경우 대리점 출점이 대부분으로 CAPEX에 대한 투자 우려는 없다. GS리테일의 경우 2014년 기준 부채 비율은 73.7%에 불과하다. 2011년 부채비율 108.7%와 비교해 30% 이상 하락한 수치이고 경쟁 업체인 BGF리테

현금성 자산(순현금 기준) 및 주당배당금·배당성향 추이

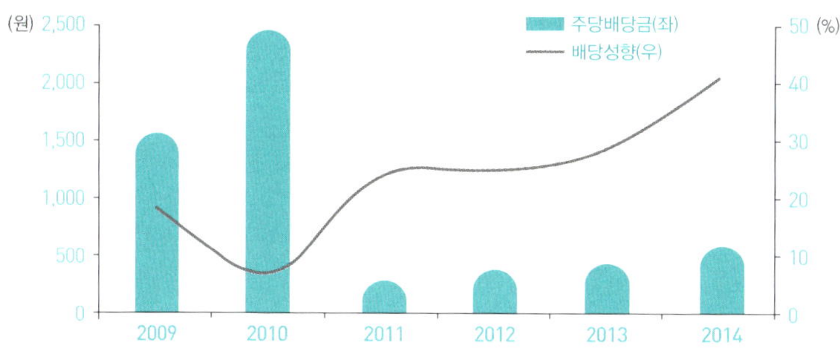

GS리테일과 BGF리테일의 부채 비율 – GS리테일의 부채 비율은 절반 수준에 불과

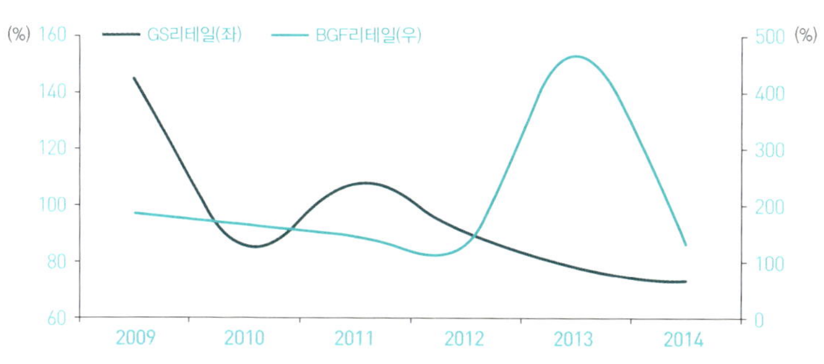

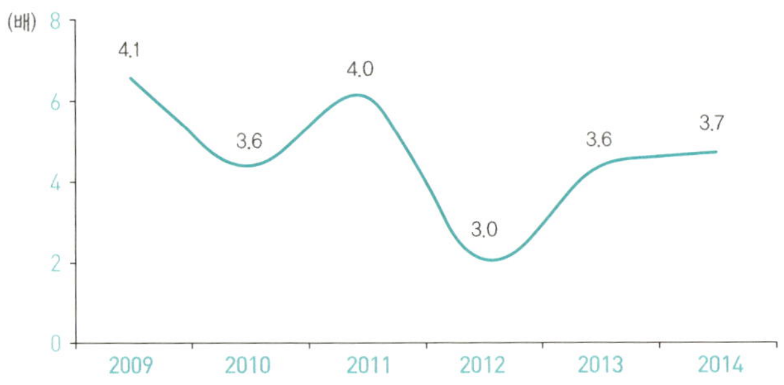

자료: GS리테일

일의 134% 대비로도 절반 수준에 불과하다. 낮은 부채 비율은 신용 등급 상승과 회사채 발행 시 발행이자율 하락, 궁극적으로는 향후 차입 시 이자비용 감소라는 선순환 구조를 견인한다.

연간 벌어들이는 영업이익으로 금융비용, 이자비용을 얼마나 감당할 수 있는지를 보여주는 이자보상배율(이자보상비율)의 경우 3배 수준을 유지하고 있다. 실적 둔화로 2009년 4.1배에서 2014년 3.7배 수준으로 지표는 소폭 하락했지만 여전히 높은 수준이다. 지불이 요구되는 이자비용의 3배 이상을 영업이익으로 상환할 수 있다는 의미이기 때문이다.

 **재무 지표 중 경쟁 업체들의 매출 규모, 영업이익과 같은 기본 지표들은 기억해둡시다.**

재무 파트의 경우가 아니라면 재무 지표에 대해 부담을 가질 필요는 없습니다. 간단한 몇몇 수치들에 대한 개념 정도만 이해하고 있어도 큰 문제는 없을 것입니다. 다만, 경쟁 업체들의 매출 규모나 영업이익 정도는 기본 지표들이므로 기억해두면 좋겠습니다.

한편, GS리테일의 경우 슈퍼마켓의 성장세나 수익성이 크게 저하되고 있는 모습입니다. 회사로서는 이런 흐름을 어떻게 이해하고 있고 어떤 전략으로 극복해야 할지에 대해 간단하게나마 면접 질문을 던질 수 있습니다. 재무적 맥락보다는 슈퍼마켓의 현 포지셔닝에 대한 분석과 이에 대한 성장 전략 관점에서 설명하면 무난할 것입니다. 재무 파트의 경우 본 내용의 주요 지표들을 중심으로 학습하되, 해외 경쟁사들의 지표와 비교하면서 최근 흐름에 대한 분석 및 대응 전략을 미리 짜보는 노력이 필요합니다. 최근 대기업 채용의 특징은 직무에 기반하여 검증한다는 것이므로 해외 경쟁 업체들의 주요 재무 지표들을 살펴보면서 시사점을 도출하는 노력을 적극적으로 해봐야 합니다.

GS 리테일

문화:
서비스 가치를
최우선으로 여기는 기업

GS리테일은 LG그룹 내 유통사업에서 시작되었습니다. 1990년 LG25 1호 매장인 경희점 오픈 등을 통해 성장했고, '지주회사 – 자회사 – 손자회사 – 증손회사'로 이어지는 투명하면서도 민주적인 소유 구조를 지향해왔지요. 현재 GS리테일은 GS그룹의 6개 자회사 중 하나로 서비스 가치를 최우선으로 여기며 국내 유통산업을 이끌고 있습니다. 그러한 GS리테일의 비전과 경영이념을 살펴보고, GS그룹 조직 구도에서 GS리테일의 위치 및 계열사와의 관계를 파악하도록 하겠습니다.

01

꾸준한 성장을 거듭해온
GS리테일

1974년 5월 '럭키수퍼'를 시작으로 LG그룹 내 유통사업을 진행하게 된 GS리테일의 역사는 과거 LG그룹, 현재 GS그룹의 유통사업의 전부라고도 할 수 있다. LG그룹의 경우 GS계열 분리와 함께 LG상사 내 패션 부문(현 LF, 2007년 계열 분리로 LG그룹에서 분할)을 제외한 모든 유통사업이 정리되었다. GS그룹 역시 2000년대 들어 GS홈쇼핑을 통한 홈쇼핑 사업 전개 전까지 GS리테일이 모든 유통사업을 전개했었다.

GS리테일은 1980년 럭키 체인과의 합병, 1990년 LG25 1호 매장인 경희점을 오픈했고, 1991년 LG유통으로 상호를 변경했다. 현재 롯데쇼핑에 매각된 백화점과 마트 부문은 각각 1992년과 1996년에 시작되었다. 마트 부문의 경우 1997년에 LG상사로 이관, 유통사업 부문으로 영업이 전개되기도 했다. 2000년에는 진행 중이던 식음료 사업부(현 ㈜아워홈)를 별도 법인으로 분리하며 유통사업만을 전담하게 되었고

자료: GS리테일

2002년에는 기존 슈퍼마켓, 백화점 등 별도 법인으로 운영 중이던 그룹 내 유통 3사를 ㈜LG유통으로 통합했다.

이후 2004년 7월 LG그룹의 계열 분리 작업과 함께 LG그룹의 유통사업 부문 및 법인들은 현재 GS그룹 계열로 편입되었다. GS계열 편입 이후 첫 사업 확장은 H&B 사업으로의 확장이었다. 2004년 합작 법인인 GS 왓슨스를 설립, 2005년 3월 1호점을 개점했고 2005년에 코오롱 마트를 인수했다. 하지만 2010년 백화점(구 GS스퀘어) 부문과 대형마트(GS마트) 부문이 롯데쇼핑으로 매각되었고 이후 편의점 사업에 집중하고 있다.

GS리테일의 GS25는 2014년 기준 매장 수 8,290개로 편의점 시장 내 점유율 1위인 BGF리테일의 CU에 매장 수 기준 118개 뒤진 2위 업체이다. 2015년에도 신규 매장 오픈을 반영한 순 매장 증가는 600여 개로 추산되어 2015년 말 기준 매장 수는 8,900개로 예상된다. 편의점과 더불어 전체 매출의 약 20%를 차지하는 슈퍼마켓은 전국 260여 개 매장을 운영 중에 있다. 그러나 정부의 대형마트 출점 제한과 더불어 신규 출점은 제한적으로 진행되고 있는 상황이다. 2015년 현재 GS리테일은 기존 GS건설 소유인 파르나스 호텔 인수(지분 67.56%)를 진행 중에 있다.

계열사로는 GS칼텍스, GS EPS 중심의 에너지 관련 계열사와 유통 계열사인 GS리테일과 홈쇼핑 업체인 GS Shop이 있고, 2009년 인수를 통해 GS계열로 편입된 GS글로벌 그리고 FC서울과 GS칼텍스 배구단을 운영 중인 GS스포츠가 있다. 최대 주주 및 특수 관계자에 의한 계열사로는 GS건설 계열사들이 존재한다.

GS리테일과 GS그룹 계열사 이해하기

GS그룹의 조직 구도에서 GS리테일의 위치 및 계열사와의 관계를 파악해둡시다.

GS그룹은 2014년 기준 재계 순위 8위로 2004년 LG에서 계열을 분리할 때부터 지주회사 체제를 채택하였습니다. 지주회사의 취지는 '지주회사-자회사-손자회사-증손회사'로 이어지는 투명하면서도 민주적인 소유 구조를 지향하는 것입니다. GS리테일은 ㈜GS의 6개 자회사(GS에너지, GS홈쇼핑(샵), GS리테일, GS글로벌, GS스포츠, GS EPS) 중 하나이며, 각각의 자회사 아래 총 22개의 손자회사가 있는 구조입니다. Fig 43에 표시되어 있는 GS칼텍스는 GS에너지의 자회사이므로 참고하시기 바랍니다. 이 회사들 외에도 지주회사에 아직 편입되어 있지 않는 관계 회사도 40여 개가 있다고 합니다.

02

고객 만족을 이끄는 기업문화

GS리테일은 GS그룹의 계열 회사로, 최고의 제품과 진실된 서비스로 고객을 만족시키며 높은 수익을 창출하고, 지속적으로 성장함을 모토로 삼고 있다. GS리테일의 경영이념은 'Growth with us'로 고객과 함께 내일을 꿈꾸며 삶의 가치를 창조한다는 의미다. 특히, 최근에는 경영주들과의 상생 및 동반성장을 위해 5년차 경영주 무료 건강 검진, 파트타이머 장학금 지원뿐 아니라 연차에 따른 축하식 및 감사 인증식 등 다양한 활동을 하고 있다.

GS리테일의 비전은 3가지로 구성되어 있다. ① 고객에게 신뢰를 주고 사랑 받는 회사 ② 조직 구성원에게 보람과 자부심이 넘치는 회사 ③ 지속적으로 성장하는 회사이다. 조직 가치로는 'Fair', 'Friendly', 'Fresh', 'Fun'이라는 독특한 '4F 조직 가치'를 내세우고 있는데 기업 홈페이지에 서술된 세부 설명은 다음과 같다.

Fair(올바른): 진실된 생각과 올바른 행동을 합니다.

1. 각종 규정을 자발적으로 준수합니다.

2. 성별, 신분, 호감 등의 이유로 차별 대우하지 않습니다.

3. 업무 처리나 평가 시 객관적이고 명확한 기준을 적용합니다.

4. 말과 행동이 일관성 있고, 소신이 있습니다.

5. 자신의 업무 수행 결과에 대하여 책임을 집니다.

6. 자신에게 불리하더라도 거짓 보고를 하지 않습니다.

7. 타인의 성과를 자신의 것으로 돌리지 않습니다.

Friendly(친근한): 모두에게 진심어린 애정과 관심으로 배려합니다.

1. 내부 고객에게

· 정확한 호칭과 경어를 사용합니다.

· 동료에게 관심을 갖고 항상 도와주려 노력합니다.

· 타인의 의사를 존중하고, 경청합니다.

2. 외부 고객에게

· 고객을 알아주고 유대감을 형성합니다.

　- 고객과 눈을 맞추고 미소로 인사하고 대화하기

　- 단골 고객 알아보기(가족사항, 구매 성향, 이름 등)

　- 아동 고객과 노인 고객 우대하기

Fresh(신선한): 항상 새로움을 추구하며 최고를 지향합니다.

1. 내부 고객에게

· Fact-Base와 5Why로 근본 원인을 찾고 문제를 해결합니다.

· 안 되는 이유를 대기보다는 되는 방법을 찾습니다.

· 자신의 일에 대해 전문가가 되기 위해 노력합니다.

2. 외부 고객에게

· 편리하고, 신속하게 생동감 넘치는 환경을 조성합니다.

  - 고객의 질문이나 요구 사항에 민첩하게 응대하기

Fun(즐거운): 즐겁게 일하고 서로에게 기쁨을 줍니다.

1. 내부 고객에게

· 자신의 일을 즐기며 능동적으로 일합니다.

· 작은 일이라도 칭찬을 자주 합니다.

· 활기찬 분위기를 만들고 동료들을 즐겁게 합니다.

2. 외부 고객에게

· 고객에게 항상 즐거움을 드립니다.

  - 고객에게 재미있는 행사 참여 기회 제공하기

  - 재미있는 매장 환경 꾸미기(POP/안내문구/인사말 등)

4F로 구성되어 있는 조직 가치 가운데 GS리테일이 핵심으로 삼는 기업가치의 요소는 Fair, '정도경영正道經營'일 것이다. GS리테일은 정도경영을 위해 1995년부터 윤리규범을 선포해 공정거래를 실천하고자 하는 의지를 대내외에 표명하였고, 2003년부터는 대내 조직으로 정도경영 TFT를 구성·운영 중이다.

 **GS리테일의 기업문화를 파악하고, 자신의 성장배경, 장점 등과 연결해봅시다.**

모태였던 LG그룹의 기업문화는 철저히 '인화(人和)'에 초점을 두고 있습니다. LG에서 분리되었다고는 하나 GS리테일 역시 이런 기업문화와 전혀 동떨어질 수만은 없을 것입니다. GS의 역사는 10년 밖에 되지 않았지만 전문가들은 GS만의 고유한 기업문화에 대해 한결 같은 평가를 내놓습니다. 신사답고, 유연하고, 일하기 좋고, 밝다는 평입니다. 4F에도 이런 요소들이 잘 반영되어 있습니다. 자신이 4F에 부합되도록 성장배경, 대내외 활동 경험, 장점과 재능 등을 잘 정리해보시기 바랍니다.

관련 자료 찾아보기 ㉔
검색 키워드, 'GS 기업문화' 

기업문화는 인재 채용 시 핵심 검증 요소입니다. 'GS 기업문화'를 키워드로 해서 회사 내외부에서 기업문화를 어떻게 평가하고 어떤 인재상을 원하는지에 대해 세밀하게 정리해보시기 바랍니다. 참고로 언론에 비친 GS그룹의 기업문화는 '내가 주인이 되는 즐거운 일터'라는 콘셉트로 자주 조명됩니다. 휴게 공간 하나를 만들더라도 직원들이 직접 꾸미고 마치 한 층 전체가 카페 분위기가 나게 만든다고 합니다. 그만큼 직원들의 주인의식과 책임의식이 강조된다는 의미입니다. 취준생 입장에서는 회사가 추구하는 기업문화가 무엇인지, 조직원들에게 무엇을 강조하고 있는지 파악하는 것이 좋을 듯합니다.

바로취업 시리즈 ❺